AF541604

Woman Consciousness and Indian Ethos

स्त्री-चेतना एवम् भारतीय परिवेश

Woman Consciousness and Indian Ethos

स्त्री-चेतना एवम् भारतीय परिवेश

Editor

Dr. Alka Sharma

OMEGA PUBLICATIONS

NEW DELHI-110 002 (INDIA)

OMEGA PUBLICATIONS
4398/5, Ansari Road, Daryaganj,
New Delhi-110 002
Phone : 65901906
e-mail: alfapublications@yahoo.co.in

Head Office :
79/3, Laxmi Garden,
Near Satya Jyoti School,
Gurgaon (Haryana)
Mob. : 9811787417

Woman Consciousness and Indian Ethos

First Published, 2008

ISBN-978-81-8455-041-2

A Publication of S.D. College (Lahore), Ambala Cantt. (Haryana)

PRINTED IN INDIA

Published by Mahendra Garg for Omega Publications. New Delhi-110 002 and printed at Tarun Offset Press. Delhi-110 053

FOREWORD

Of course change is the law of nature but when change is being directed not only by law, scientific development, technological advancement, consumeristic behaviour etc. at the surface level of the humanity but also by the under currents of selfish motives of individual and society then it becomes imperative for a sensitive mind to think, to re-evaluate and to analyze this change particularly in the context of woman consciousness. Woman consciousness has gone under a lot of changes from religious identity to consumerist individual but the question still remains-has this directed change brought the desired change not only in woman's status but also transformed the individual and the collective consciousness of woman particularly with reference to Indian sensibility.

Scholars, planners and leaders of women movements have studied women from narrow view point but none has tried to understand and explain "a complete woman". There is a compulsive need to understand woman from all possible angles and view point, only then "directed change" will be meaningful. Woman consciousness needs to be understood as a creative force and at the same time her existence must be respected so that this world becomes a better place to live in. This book which is the outcome of the seminar organized by the Women Cell of the college has definitely opened up new dimension of thoughts. It was the motive of the women cell to re-investigate the woman consciousness in the context of Indian ethos so that change may be directed with vision not with any fixed angels.

This effort of women Cell is worth laudable because it has raised issue of woman consciousness with a vision. I feel honoured to be a part of this humble effort of the Women Cell of the college.

Dr. Desh Bandhu
Principal

PREFACE

This publication is a compendium of research papers presented at a National Seminar on "Woman Consciousness And Indian Ethos-an Evaluation" organized by the Women Cell of S.D. College(Lahore) Ambala Cantt. Women Empowerment, Female Feoticide, Gender Inequality, Feminism and Eve's Liberation movements have been the most sensitive and burning issues all the world over for the last few decades. Feminism is a global phenomenon and no country has remained unaffected by the issues it has raised. Irrespective of time and place, it has laid stress on gender equality and women empowerment with a view to accord a dignified and assertive place for women in the society. Despite all this, an attempt has never been made to understand womanhood in the real sense. Human history is a testimony to the truth that since the time immemorial attempts have been made to understand and define woman from various angles, but even today it remains a riddle. Neither man nor woman herself can rightly claim to understand her . All attempts in this direction have rendered the confusion more confounded. There has been an utter failure in the understanding of woman consciousness in the context of Indian mindset which is the dire need of the hour i.e to generate or propose a model of an ideal woman or a woman of substance with a healthy mind, body and spirit.

It is with this aim in view that the said seminar could attract purposeful and thought provoking papers to clear the hazy opaque picture of the essence and very existence of woman or to define woman in the context of Indian Ethos, especially when the modern Indian Woman has been pride herself in accepting and imbibing masculine values. She needs to declare: "I am no goddess to be worshipped nor yet the object of common pity to be brushed aside in the path of danger and daring nor a commodity to be marketed, allow me to share the great duties of your life, then you will know my true self."

Keynote Speaker of the seminar,Dr. Kumud Sharma stated that there cannot be an essential description of woman's consciousness as it is an active and a dynamic concept that is in a continual state of flux. It is part of a historical and discursive practice influenced by culture, media, education data, family and other social institutions. These fluid inter-sectional ties are shaped by social ethos.

Amrit Kaur opines that society seems to have failed to envisage 'Her' make of life and its expectations and almost failed to interpret her feelings, hopes, anxieties and frustrations. The power of the female and her ability to produce life was once considered divine but it posed a threat to the rise of the pre-dominantly male church and so the sacred feminine was demonized. It was man not god who created the concept of original sin, whereby;Eve lured Adam to taste the apple and caused the downfall of the human race. Woman, once the sacred giver of life, was now the enemy. Meenakshi Kaushal is of the view that Women's oppression; exploitation and victimization are prevalent in the patriarchal set up of our society. From birth till death, women are asked to follow the fixed and established customs and traditions set by the society. But women can play the pivotal role in changing the present scenario. They will have to revolt against violence. They will have to change their mindset, which is responsible for various kinds of domestic violence.

Simran Sidhu puts forth that society cannot dream of literature without women and their consciousness. Literary artists perceive women in accordance within the time and nation they live in. There are poets, novelists, dramatists who place women on a high pedestal but on the other hand, women or fair sex is only a puppet in the hands of males. Vikas Sethi states that women have been under-represented in scientific and technical fields but in reality there have always been women who made use of their common sense and natural abilities and contributed to their world through scientific and technical innovations. Now a days, there is a much larger heritage of women action in technology than was earlier realized. Bharti Thakur is of the view that the history of civilization so far has been the story of man's ungratefulness to the one to whom he owes his very existence. Through various non-violent movements and campaigns, women have proved that they are second to no one in proficiency of doing any task earlier meant for men but they also discover a sense of self within, she seems to have finally come into her own. But she still has miles togo.

Santosh Tikoo suggests that there is a need to make women conscious about gender education. She cites various reasons for lack of women's consciousness about education and suggests remedies to promote women literacy.

Pratibha J.S.Sharma observes that in patriarchal societies male mind takes a woman for granted and the female psyche has been incapacitated to think of herself as an independent identity. In India, too, women need to find a forum like conversation groups or self help groups where their problems can be discussed and solutions arrived at. They should become conscious and aware of their identity and stand up for what they feel is right.

Shivani Sharma deals with the issue of a historicity of woman consciousness with philosophical perspective and tries to explain ethos. in the terms of basic linguist realities.

Lata Rani sees the transformation of the Indian women from an enigmatic figure, to today's educated, successful professional who has not been without personal sacrifices. Women, today, are at the threshold of a new life. That man and woman are complementary 'halves' of a 'whole' would be relevant in the new millennium where women would re-discover themselves and become change agents for the society.

Uma Shanker Dwivedi finds man and woman to be complementary to each other. Circumstances have been changing with the passage of time. Women were given an honorable place in society in every period. But in modern times, woman has not only social and political rights but she has also gained various legal rights. In spite of acquiring these legal rights, man and woman should acquire mutual love and affection and a sense of sacrifice for each other to have a long, peaceful, affectionate family.

Aditya Angiras states that today woman considers herself to be inferior in this modern materialistic rat race. Woman has always been an active contributor towards nation building, society building and above all in personality building. For all-round development of the society, today we need to have a complete view of our ancient Vedic culture.

Ramakant Angiras tries to define woman element of Shakt philosophy which is transcendent. She is the creative force and an ultimate source of self-realisation.

Sushma Sharma pays a tribute to womanhood and considers every woman to be a living manifestation of universal existence.

Jaiprakash Gupta discusses that Ayurveda provides a non-discriminatory approach towards women, giving them an equal opportunity to lead a sound normal life like that of their male counterparts.

Desh Kumar Pandey states that there are negative connotations of a woman's character, which are very misleading.

Ashutosh Angiras philosophically investigates into woman consciousness and basic character of Indianness.

Uma Jain evaluates woman consciousness of Ramayanic era. In comparison to Vedic era woman's position was diluted at the social, religious levels in this Ramayanic era.

Prof. Jaya Indiresan in her valedictory address stressed that men and women both are still gender blind. Discrimination, marginalisation subordination, bias, stereotyping, harassment, violence continue to be perpetuated on women. Both men and women will have to work together for bringing out any sustainable social change.

Kamlesh Singh, Kamdev Jha , Padamja Amit have also dealt with the issue of woman consciousness and Indian ethos with different perspectives.

Acknowledgement

I express my sincere and heartfelt sense of gratitude to Dr. Deshbandhu, Principal, S.D. College (Lahore), Ambala Cantt. for his unflinching support, able guidance and spirit of encouragement. But for his kind support and ungrudging co-operation, this book would not have acquired this form.

I am deeply beholden to all the members of the Women Cell-Dr. Asha Sharma, Dr. Neena Malohtra, Ms. Indra Yadav, Mr. Harroop Virk, Dr. Vijay Sharma, Dr. Shashi Rana, Dr. Divya Jain, Dr. R.S. Dhillon, Dr. S.P. Sharma, Dr. A.K. Sharma, and Dr. Ashutosh Angiras for their whole-hearted co-operation.

I owe my thanks to ICSSR, Chandigarh for the kind gesture for having sponsored the seminar.

I am thankful to all the paper presenters who made this venture a success.

I would be failing in my duty if I don't acknowledge Mr. Sonu Gupta's contribution for compiling the whole matter to give it a form.

Last but not the least my special thanks to my husband Mr. P.P. Vashisth whose constant encouragement to me through all stages of this book is responsible for the present shape it has acquired.

Acknowledgement

I express my sincere and heartfelt sense of gratitude to Dr. Deshbandhu, Principal, S.D. College (Lahore), Ambala Cantt. for his unflinching support, able guidance and spirit of encouragement. But for his kind support and ungrudging co-operation, this book would not have acquired this form.

I am deeply beholden to all the members of the Women Cell-Dr. Asha Sharma, Dr. Neena Malhotra, Ms. Indira Yadav, Mr. Harroop Virk, Dr. Vijay Sharma, Dr. Shashi Rana, Dr. Divya Jain, Dr. R.S. Dhillon, Dr. S.P. Sharma, Dr. A.K. Sharma and Dr. Ashutosh Angiras for their whole-hearted co-operation.

I owe my thanks to ICSSR, Chandigarh for the kind gesture for having sponsored the seminar.

I am thankful to all the paper presenters who made this venture a success.

I would be failing in my duty if I don't acknowledge Ms. Sonu Gupta's contribution for compiling the whole matter to give it a form.

Last but not the least my special thanks to my husband Mr. P.P. Vashisth whose constant encouragement to me through all stages of this book is responsible for the present shape it has acquired.

CONTENTS

Contributors

1. Alka Sharma, Dept. of English, S.D. College (Lahore) Ambala Cant, (Haryana).
2. Kumud Sharma, Vice President, CWDS, New Delhi.
3. Jaya Indiresan, Former Professor of Higher Education, NIEPA, New Delhi.
4. Aditya Angiras, Dept. of Hindi, V.V.B.I.S & I.S., Punjab University, Hoshiyarpur, (Punjab).
5. Ramakant Angiras, Former Professor, Dept. of Sanskrit, Punjab University, Chandigarh.
6. Padmaja Amit, Dept. of Sanskrit, MLJNK Girls College, Saharanpur (U.P.).
7. Shivani Sharma, Dept. of Philosophy, Panjab University, Chandigarh.
8. Pratibha J.S. Sharma, Dept. of Foreign Languages, Punjabi University Patiala (Punjab).
9. Santosh Tikoo, Dept. of H.Sc, Arya P. G. College, Panipat, (Haryana).
10. Bharti Thakur, Dept. of Political Science, M.L.N. College, Yamunanagar, (Haryana).
11. Uma Jain, Dept of Sanskrit, MLJNK Girls College, Saharanpur (U.P.).
12. Lata Rani, Dept. of Commerce and Management, Delhi College of Advanced Studies, Delhi.

13. Jaiprakash Gupta, Medical Practitioner, Ambala Cantt. (Haryana).
14. Simran Sidhu, Dept.of English, M.L.N. College, Yamunanagar
15. Amrit Kaur, Dept. of English, G.N. Khalsa College, Yamunanagar, (Haryana).
16. Meenakshi Kaushal, I.G.M.M.V. Kaithal. (Haryana)
17. Desh Kumar Pandey, Dept. of Hindi, Govt. College for Girls, Sector-42, Chandigarh, (Punjab).
18. Shushma Sharma, Dept. of English, G.M.N. College, Ambala Cantt. (Haryana).
19. Chanderkant Jha, Dept. of Sanskrit, M.P.N. College, Mullana, (Haryana).
20. Vikas Sethi, Dept. of English, S.D.College (Lahore), Ambala Cantt, (Haryana).
21. Umashankar Dwivedi, Lawyer, Punjab & Haryana High Court, Chandigarh.
22. Ashutosh Angiras, Dept. of Sanskrit, S.D.College (Lahore), Ambala Cantt.
23. Kamdev Jha, Principal D.A.V College, Naneola, (Haryana).
24. Kamlesh Singh, Dept. of Home Science, S.D.College (Lahore), Ambala Cantt.
25. Raju Chander Sharma, Dept of Commerce, S.D. College (Lahore), Ambala Cantt.
26. Mayank Anand, Dept. of Foreign Languages, Punjabi University, Patiala, (Punjab).
27. Ramnik Aurora, Dept. of French, Punjab University, Chandigarh.

1

INTRODUCTION

Alka Sharma

This seminar was proposed with an earnest hope to re-define, re-evaluate and re-capture the very essence of woman consciousness and Indian Ethos. We are all a part of this global world where woman is marching forward with her wings spread to achieve a golden bright future, realizing her dreams and a fine future to look forward to.

This seminar was an attempt to bridge a gap among various thoughts to understand womanhood in the real sense. But what it really means to be a woman? How do we understand the essence or the very existence of woman.Time and again, sociological, psychological, political, economic, religious, philosophical attempts have been made to re-think and re-define woman. But these different approaches have blurred the present scenario to this extent that neither the society nor woman herself can claim to understand womanhood.

There are facts produced by historical data that the hands that rocked the cradle, were bruised, the heart that healed , was tortured and the head that could transform, was tormented. Women were battered, betted, bartered, beaten and even burnt but nowhere does history tell us that what influenced this male psyche: 'the woman, the dog, the walnut tree, the more you beat them, the better they be.' Whereas Darwinian theory never advocates the supremacy of the male. Even if it was the 'survival of the fittest' how could women survive and bear turbulations.

At the same time, we are curious to know how science perceives the very being of woman. What is a woman? Is woman a womb only? Is she merely a reproductive system? Or one is born a woman. If this is what science makes us understand about woman then its very essence of careful observation of facts, elimination of personal prejudices and passions and rigid conscientiousness is questionable.

From Science and technologies, when we move towards religion and culture, our Hindu mythologies and scriptures present on one hand, an image of Ardhnarishwar and Devi and on the other hand, consider woman as a tree that bears fruits and belongs to a gardener. We are unable to comprehend the politics behind the male psyche which presents woman as Sita and Ahilya, completely irrelevant in modern context where the mythical ideal woman is no where in close proximity to the ideal woman of the present. Modern woman is overburdened with responsibilities and family ties. The ever increasing divorce rate is a testimony to this. The divorce rate which was 11 per 1000 in 2002 has risen to 228 per 1000 in 2006.

On the contrary, St. Thomas pronounced woman as 'an accidental being'. This is symbolized in Genesis where Eve is depicted as made from a 'supernumerary bone' of Adam. This woman is just an after thought in Islam or Christianity. She is an amusement, a pleasure, a company or an essential boon for man. Man is for her, the meaning, the justification of her very existence.

With this opaque picture of the essence and existence of woman which stimulated our minds and thoughts, we have invited illuminaries from different spheres of society whose not only souls are alive but their thinking is also enlightened. Woman cell expects from you all to define woman and Indian Ethos too. The modern Indian woman is accepting masculine values. She prides herself in taking action, working and creating in every walk of life- be it corporate world or the political world. But does she understand her very being? Or she is being duped by the male world as being projected in the corporate sector? She announces the world today, "I am no goddess to be worshipped nor yet the object of common pity to be brushed aside in the path of danger and daring, allow me to share the great duties of your life, then you will know my true self."

But does she understand her true self? What should be understood by complete woman or a healthy woman. Fruitful threadbare discussions to understand Indian Ethos and_Indian mindset to define the true self of a complete woman or woman in totality would certainly open new horizons for the upcoming generations.

2
WOMEN'S CONSCIOUSNESS AND INDIAN ETHOS : AN EVALUATION

Kumud Sharma

The seminar proposes to redefine the essence of women's consciousness and the crisis of Indian ethos. The wide range of suggested topics for deliberations–from women's identity and Vedanta to Buddhist approaches, tantra literature to terrorist movements, trafficking, technology and trade etc. made me a bit nervous. I have made a modest attempt to sketch out the broad contours of the main theme of the seminar. I am neither attempting to define womanhood or women's consciousness nor am I suggesting any model of Indian woman or a woman of substance. There is no one model of Indian women as India is a heterogeneous society. However, I do not wish to oversimplify the complexity of the issue under discussion. There is a remarkable variety in discourses and intellectual approaches in mapping the territory of women's identity and consciousness which is shaped by perspectives and strategies of heterogeneous groups and competing construction of multiple meanings of social ethos. There is a large body of scholarship – both academic and popular literature available on women's consciousness and identity and impassioned debates about the relationship between culture and consciousness articulated through institutions and structures. Women's multiple roles shape their identity and consciousness within a diverse, complex and contradictory cultural milieu.

How does one explain as to what is it that constitutes women's identity, consciousness and sense of self, their unique view of social realities and the knowledge of what it means to be a woman?

The universe of women's consciousness is a space which is defined by various set of ideological assumptions which society and its cultural ethos delineates. Women's consciousness cannot be understood outside the social context which varies across social categories. It is historically determined, socially constructed and culturally transmitted, but it is not unproblematic. It contains dominant ideas of femininity and masculinity and a variety of prescriptions which define roles and social meanings attached to these roles and relationships. Woman's consciousness is shaped by complex set of factors as they straddle many complex identities, locations and spaces which are rooted in social and cultural context.

There cannot be an essentialist description of women's consciousness as it is an active and a dynamic concept that is in a continual state of flux. It is part of a historical and discursive practice influenced by culture, media, education, state, family and other social institutions. These fluid intersectionalities are shaped by social ethos. Identity and consciousness cannot be put in neat boxes or divided into fragments.

The intersection between gender, sexuality and other social identities such as class, caste, religion and ethnicity; define feminine spaces in cultural and symbolic terms. The messages of social inferiority of historically subordinated groups continue to be transmitted through stereotyped images ingrained in attitudes, perceptions, customs and traditions and any challenge is resisted by normatively coded messages or social disapproval. Sometimes women have themselves colluded in their own dehumanization in the process of carving out a role for themselves within prescriptive spaces.

The homogeneisation of women as a category or female stereotypes and prejudices are tools of the dominant culture to enslave women by the role models, images and symbols contained in the cultural constructs of women. Patriarchy rests on historical development of ideas, symbols and metaphors by which men have institutionalized their power and privileges. The symbolic-culturalist view of feminine has been studied in many accounts of gendered socialization. The idealized maternal-feminine is a powerful notion which symbolizes psychic and socio-cultural processes and innate components of femininity. Dividing life into domestic and external or public and private indicates self-imposed checks. Patriarchal family is the main source of women's identity as it mediates women's gendered notion of self. It is key to maintaining property relations, social hierarchies, community and caste identities. Gendered socialization and women's internalization of patriarchal notions does not give them reprieve from the burden of inequalities. Papanek argues that 'women are socialised for inequalities and most people accept it though some resent it or even rebel'. Women's entitlements are often elaborated into more complex statements which fulfill multiple objectives (men work harder, their work is more valuable). Girls are taught restraint in their behaviour values of self-deprivation and self-sacrifice are deliberately ingrained. The cultural repertoire of social groups contains ideas iabout relative values of certain activities and is linked to allocational practices. The material base of patriarchy determines rights and access to resources. Ivan Illich ttransform the two culturally embedded genders into distinct identity'.

The material and cultural intermesh impinges upon women's identity.

Women in their multiple encounters with this socially coded universe of 'cultural-symbolic' identity of a woman and the compulsions of their daily existence and social realities that demand freedom to move over from prescriptive locations; redefine their life spaces. They engage with institutions and structures to re-anchor themselves. This struggle consists of both continuity and discontinuity of the cultural ethos.

Indian ethos is full of contradictions and diversities. The same religious tradition contains both the notion of 'Shakti' and 'Sati'. Shakti embodies the ultimate female power in Hindu cosmology – the feminine capacity to create, nurture and destroy. Studies on marriage, kinship family and religion have discussed gendered socialization into particular religious tradition with rituals and practices and notions of femininity. Women continue to be deified and defiled.

Shiela Rowbotham, the feminist historian has categorized 'women's consciousness as dual consciousness, a dual self – the one which adheres to the cultural prescriptions of womanhood and the other which makes her realize as a historical being and as a woman that her identity as a woman is constructed in the shadow of male culture. In the introduction to 'No More Masks: An Anthology of Poems by Women', Florence Howe describes women's split self – between what a woman feels she wants and what is socially prescribed on the basis of gender. They are caught between the need to conform and urge to question. The specifies of these challenges take different contours in different context where day to day encounters often involve making choices, of responding or withholding their own convictions, beliefs and aspirations. This experiential basis of woman's identity manifests itself within multiple contexts and in their encounters with social and material relations which play an important part in forming subjectivity and consciousness.

The gloss of progress and modernity conceals a deep conservatism and a trenchant chauvinism. Take the case of consumerist urban culture and how women's images are packaged. The mythical urban, educated woman is described as independent, career oriented, keen on a certain life style. They are bombarded with visions of beautiful bodies, targeted by various brands of cosmetics and couture (before and after pictures of magical transformation in their personalities). Public images affect women's perception of their femininity and are tied with structures that ultimately oppress women. Carefully constructed images of women are systematically thrust on people's consciousness and women continue to be enslaved by the role models, images and symbols through powerful modes of transmission. The exposure to contradictory dissonant messages and practices with false expectations renders women vulnerable and receptive to a well entrenched institutionalized apparatus which explains power and inequality as systemic.

Customary practices continue to prefer boys over girls even though educational and legal reforms in property rights aim to eliminate discrimination. Take the case of skewed sex-ratio particularly in this part of India. Girls are missing at a faster rate and law has not made any serious dent. How do we explain this social aberration in today's world when we are so gung-ho about resurgent India and its health growth rate? Are state sponsored schemes like 'Palna' suggested by the Ministry of Women and Child Department to prevent foeticide, the right approach? Such charitable schemes do nothing to change mindsets and cannot be an answer to this complex issue. A strong normative foundation of Indian cultural ethos continues to control many women's lives in both rural and urban areas which is reflected in growing violence against women, female foeticide, lower sex-ratio. Even today the 'Paros of Mewat' continue to languish in sexual slavery. Violence against women transgressing normative spaces is reflected in honour killings, witch hunting. Some horrendous verdicts that caste panchayats have been handing over in cases of inter-caste and inter-regional marriages can put any civilized society to shame. The blatant misuse of power by caste panchayats for so-called deviant behaviour - where community becomes the mediator – remain unchallenged. A feminist historian, however, talks about the other side of patriarchy where obedient women are accorded certain privileges but those transgressing public spaces are punished.

Indian society faces many challenges which affect social ethos – globalization, fundamentalism, communalism, politics of caste, religion and ethnicity and growing social and economic disparities. The specifics of these challenges take different contours but women often are the primary victims. Myriads of questions crowd our mind. Personal experiences and reflections at micro level are influenced by macro pressures and trends. The ever changing Indian ethos with both continuities and disjunctions is diverse and complex, but a core configuration of ideas and beliefs and ideological framework of prescriptive behaviour shades the contemporary discourse on women's rights. The mechanisms of social control continue to operate through subtle and not so subtle means despite the fact that state keeps pace with international conventions on women's rights. Women are part of this evolving ethos where they often encounter contradictory and distorted images. They have to continually confront micro and macro forces in a culture under transition.

The ethos of contemporary Indian society is also defined by search for gender equality, justice and well-being or what one may call 'negotiated transition'. The altered contexts and self perceptions of new generations also mean reinterpreting old issues. The issues of conscientisation and consciousness raising about these core values is taken to a new level seeking transformation of mindsets, attitudes and prescriptive behaviour.

When social contradictions increase they become part of the struggle for justice and equality. Social movements seek to alter power equations through altered consciousness and counter cultural approaches. The new discourse on gender equality and women's rights in the 70s and 80s has changed the terrain of both intellectual and political engagement of women's movement with social, cultural and political institutions. It has generated new ways of looking at women's issues. The resurgent women's movement has played an important role in reframing women's subjectivities and consciousness. Discourses on women and development, new approaches to women's empowerment, debates on removing legal and structural barriers to women's equality have not only given a new visibility to women but have raised several uncomfortable questions. Women's journey through redefining roles, institutional spaces and structures, creating new spaces for contestations and negotiations and moving beyond traditions, has helped them in asking new questions and discover new meanings. Women's movement has made private violence a public issue.

Changes are possible by intervening in the contradictions and tensions of existing society through questioning, resisting, organising, protesting and dismantling or chipping away the patriarchal edifice of knowledge and power. Broad-based coalitions and alliance building among women, growing number of initiatives, dialogues and confrontations have forced a large number of issues enter the discourses on women's identity, self-image, consciousness and struggle against exclusions. Consciousness which comes from political action needs to be coordinated. It will not be correct to say that there is uncontested acceptance of secondary identity granted to women in a patriarchal society.

Advocacy on different issues by women has emerged as collective consciousness. Women are rediscovering their individual and collective resources rather than remain rooted in traditional social systems. They are pushing boundaries and limits that prescriptive social structure puts on their aspirations and self development.

Women do negotiate within their locations and their lived experiences can challenge our frame of reference. It is important to constantly interrogate dominant narratives of women's identity and consciousness that shape the notion of self. Narratives of women who have successfully resisted aspects of prescriptive social and cultural mandates which circumscribe their world view, have set new agendas. Relocating traditions of women's assertions and build and shape alternative construction which defies hegemonic ideals of women, strengthens the movement for greater dignity for women. Development of critical and embodied consciousness challenges the authority of dominant perspectives and creates an alternative system of meanings. Women's Studies within higher education has created new spaces for intellectual engagement around some burning issues and mapping out the territory of women's discontent. There are now 66 Women's Studies Centres in Universities. It is not only another interdisciplinary programme on the university's academic scene but a move to constantly question powerful concepts and dominant perspectives which perpetuate ongoing marginality of women.

REFERENCES

Flowrence Howe, 'No More Masks: An Anthology of Poems by Women', Feminist Press, New York.

Hanna Papanek, 1990, 'To Each Less Than She Needs, From Each More Than Se Can Do: Allocations, Entitlement and Value' in '*Persistent Inequalities: Women and World Development*' (ed.) Irene Tinker, OUP, New York.

Shiela Rowbothom, 1973, 'Women's Consciousness: Men's World, Harmandsworth, Penguin.

3

आर्ष परम्परा के परिप्रेक्ष्य में आधुनिक नारी चेतना

आदित्य आंगिरस

आचार्य तुलसी ने अपने काव्यों में प्रसगवश एक बात कही थी– "ढोल, गंवार, पशु शूद्र और नारी, ये सब ताडन के अधिकारी"। वहीं दूसरी ओर तैत्तिरीय संहिता पर सायण द्वारा लिखे भाष्य की भूमिका में भी लगभग ऐसी ही बात आती है कि "स्त्रीशूद्रयोस्तु सत्यामपि ज्ञानापेक्षायामुपनयनाभावेनाध्ययनराहित्याद्वेदेऽधिकार प्रतिबद्धः।"[1] नारी विषयक अपनी धारणा को स्पष्ट करते हुए महामना शकराचार्य ने नारी को नरक का द्वार कहा "द्वारं किमेकं नरकस्य ? नारी"।[2] ये स्वयं में आज भी ऐसे अनुत्तरित प्रश्न हैं जहां इस के विषय में एक ओर तो कहा जाता है कि ये सभी कुछ मूर्धन्य महामनों की कुण्ठा अथवा आग्रह का प्रकान्तर से प्रतीक रहा है अथवा भारतीय समाज में स्त्री विषयक ऐसी मान्यता प्रधान धारणा बहुत पहले से ही चली आ रही है क्योंकि नारी का बहुधा ऐसी आचरण रहा है जिस कारण नारी के विषय में ऐसी अवधारणाएं प्रचलित हो गई हैं। परन्तु यहां यह कहना नितांत समीचीन ही होगा कि यदि इन्हीं के आधार पर नारी का मूल्यांकन करना हो तो नारी के वे सभी स्वरूप त्यागने होंगे जिन में वह मां, बहन, बेटी आदि बन कर जीवन की सुरभित करती हैं।

भारतीय इतिहास पर यदि दृष्टिपात किया जाए तो यह स्वतः ही स्पष्ट होगा कि भारतीय इतिहास में एक ऐसा काल रहा है जहां नारी उपेक्षित, प्रताड़ित, अपमानित सी दिखाई देती है। तत्कालीन साहित्य के नाम पर जो कुछ भी रचा गया उस सारे साहित्य में नारी के उस रूप को प्रकट किया जो अवांछनीय था। क्रूरता, कुटिलता, मूर्खता आदि कुछ ऐसे अवगुण थे जिसे न चाहते हुए भी स्त्री प्रत्यय के साथ जोड़ा जाता रहा। इससे हमारे सामने स्त्री का वह कुत्सित चित्र प्रस्तुत हुआ जो सर्वथा अवांछनीय था अर्थात तत्कालीन साहित्यसर्जक नारी के उस वैदिक स्वरूप को भूल गए जो उसे "उताहमस्मिवीरिणी, अहमस्मि सहमाना, असपत्ना सपत्नघ्नी", कह कर गौरवान्वित करते हुए दिखते हैं। हमें यह बात याद रखनी चाहिए कि नारी विषयक जो मान्यता वैदिक काल से लेकर मध्यकाल तक रही है उन सभी में लगभग, स्त्री के उस स्वरूप की भर्त्सना की गई है जो ग्राम्य, अशिक्षित और अकुलीन है अर्थात स्त्री का एक रूप वह भी दिखाई देता है जहां ज्ञान की चर्चा पुरुष के साथ बैठकर करती है और यज्ञोपवीत पहन कर संध्या वन्दनादि संपूर्ण धार्मिक क्रियाएं करती हुई मनुष्य मात्र को मार्ग दिखाती है। उपनिषदों में वही स्त्रीतत्त्व याज्ञ्यवल्क्य मुनि से प्रश्न करता हुआ दिखाई देता है जब मुनि अपनी संपत्ति का बंटवारा अपनी दो पत्नियों के मध्य करते हैं एवं मैत्रैयी का प्रश्न कि क्या यदि संपूर्ण पृथ्वी मुझे मिल जाए तो मैं अमृततत्त्व को प्राप्त कर सकती हूँ? ऐसा प्रश्न पूछने वाली स्त्री का स्वरूप क्या साधारण हो सकता है? निश्चित तौर पर नहीं। कारण स्पष्ट है कि ऐसी स्त्रियां समाज में विदेहा होकर पुष्ट समाज की संकल्पना कर सकने में सक्षम है। मनु में मनुस्मृति में नारी विषयक जो अपनी धारणा दी है उस के अनुसार नारी साक्षात् लक्ष्मी, गृहदीप्ति होती है। पुत्रोत्त्पति, पुत्रपालन, लोकव्यवहार , धर्म कार्य, शुश्रूषा, काम स्वर्ग आदि महत्वपूर्ण वस्तुएं नारी के ही अधीन हैं।[3] वहीं बृहत्संहिता में भी नारी को गौरवान्वित करते हुए कहा है कि जो लोग वैरागी होने के कारण नारी के गुणों को छोड़ कर दोषों के विषय में बात करते हैं, मेरे मत में वे दुर्जन हैं।

नारी के विषय में कही गई बातें ये सभी सद्भावनाजनित नहीं हैं क्योंकि नारी पर आरोपित ऐसा कौन सा दोष है जिस का आचरण पुरुष ने नहीं किया। पुरुष ने अपनी घृष्टता के कारण ही नारी की निन्दा की है।[4] मनु स्वयं नारी को पुरुष से अधिक गुणवान समझते हैं एवं पुरूष को कठोर कहते हुए आश्चर्य प्रकट करते हैं– अहो धाष्ट्र्यमसाधूनां निन्दतामनघाः स्त्रियः।[5]

वे वस्तुतः धृष्ट प्रकृति एपं असज्जन हैं जो पापरहित स्त्रियों की निन्दा करते हैं। आज के संदर्भ में नारी की जो छवि हमारे सामने आती है वह स्थिति बहुत अच्छी नहीं है। इस के पीछे यह तर्क हो सकता है कि जो चित्र मध्यकाल में हमें साहित्य के माध्यम से मिला एवं जैसा समाज ने हमें शिक्षा ग्रहण करते हुए बताया, केवल उसी कारण आज भी समाज में नारी सुप्रतिष्ठित नहीं है। अन्धानुकरण का प्रभाव, पाश्चात्य विचारकों का प्रभाव, अपने कुल की अवधारणाएं आदि कतिपय कुछ ऐसे मुद्दे हैं जिन्होंने हमारी स्त्री विषयक अवधारणा बदली। वस्तुतः हमारी शिक्षा पद्धति के कारण जो संस्कार पश्चिमी प्रभाव से लिप्त होकर मिले अथवा मिल रहे हैं वे सर्वथा अवांछनीय हैं क्योंकि हमारा दृष्टिकोण समुज्ज्वल रहा जिसमें नारी को पुरुष से श्रेष्ठ बताया गया और उसकी विभिन्न छवियों का वर्णन किया गया ताकि हमारा समाज स्वस्थ बन सके।

वस्तुतः नारी का छायाचित्र पश्चिम के प्रभाव में आकर जैसा आज हमें देखने को मिलता है वह प्राचीन भारत में वैसा नहीं है। वैदिक' संस्कृति हो अथवा पौराणिक संस्कृति सभी ओर नारी की वंदना की गई है। वेद में नारी के महनीय रूप के दर्शन होते हैं जब यह उद्घोषणा होती है "विराडियं सुप्रजा अत्यजैषीत"[6]। नारी के विभिन्न रूपों का वर्णन प्राचीन भारतीय संस्कृति एवं सभ्यता में अनेक रूपेण मिलता है।

प्राचीन भारत में नारी की कामना और इस का समुचित तरीके से पालन करना प्रत्येक गृहस्थ के लिये न केवल अपेक्षित रहा है अपितु

वैदिक एवं वैदिकोत्तर साहित्य में इस का समुचित विधान भी किया गया है। नारी का पर्याय कन्या है जिसे यास्काचार्य ने निरुक्त में कन्या कथनीय भवति' ये 'कमु' धातु से उत्पत्ति मानी है। मनु ने 'यथैवात्मा तथा पुत्राः पुत्रेण दुहिता समा'[7] कह कर स्त्री को पुरुष के समान बताया अर्थात जैसा पुरूष है वैसी की स्त्री भी।वस्तुतः प्राचीन भारतीय साहित्य में नारी को पुरुष के समान रखकर दोनों को ही राष्ट्रोन्नित का आधार माना। अतः महाभारत के अनुशासन पर्व में यह उक्ति द्रष्टव्य है। "जामिशप्तानि गेहानि निकृत्तानीय कृत्यया। नैव भान्ति न वर्धन्ते श्रियाहीनानि पार्थिव"।।[8] अर्थात् पुरुष श्री से हीन होकर वृद्धि को प्राप्त नहीं कर सकता। अतः प्राचीन भारतीय साहित्य में जैसा स्थान नारी को मिला है वैसा स्थान विश्व के किसी समसामयिक धर्म में नारी के लिए उपलब्ध नहीं है। क्योंकि इस्लाम में नारी कभी भी 'इमाम' नहीं बन सकता और न ही ईसइियत के अनुसार नारी 'बपतिस्मा' नहीं करवा सकती है। परन्तु हिन्दू मान्यताओं के अनुसार वह 'यज्ञ' आदि करवाने की अधिकारिणी है इसीलिए उसे आचार्य पद के लिये नारी को पुरुष के सम्मान अधिकार प्राचीन भारत में मिले थे। परन्तु भारतीय इतिहास के नारी विषयक भावनाओं के ठीक से न समझ पाने एवं अपने पूर्वाग्रहों के कारण ही संभव है। यदि मध्यकाल में वैदिक एवं उत्तर वैदिक साहित्य का सम्यक् रूप से अध्ययन होता तो यह भ्रान्त धारणा स्वयं ही खण्डित हो सकती थी क्योंकि वेदों में नारी की स्थिति पति घर में दासी की नहीं अपितु साम्राज्ञी की है ।[9] त्वं सम्राज्ञमेधि पत्युरस्तं परेत्य' के संदर्भ में नारी को साम्राज्ञी का ही स्थान बताया गया है। महाभारत के शान्तिपर्व में कहा गया है कि नारी जैसा बन्धु पुरुष का कोई भी नहीं है और वही नारी पुरुष के धर्म संग्रह में जैसे सहायक है वैसा कोई अन्य नहीं है–अर्ध भार्या समो बन्धुनास्ति भार्यासमा गतिः। नास्ति भार्यासमोलोके सहायो धर्मसंग्रहे।।[10]

इसी भावना को सामने रख कर महाभारत यह उद्घोषणा करता है कि–

अर्धं भार्या मनुष्यस्य भार्या श्रेष्ठतमः सखा।
भार्या मूलं त्रिवर्गस्य भार्या मित्रं तरिष्यतः।।[11]

अर्थात् भार्या (नारी) मनुष्य का आधा शरीर है और वही मनुष्य का श्रेष्ठतम सखा है और वही त्रिवर्ग प्राप्ति का मूल स्रोत है। वहीं दूसरी ओर ऋृग्वेद मे नारी को गृहस्थाश्रम का मूल मूर्धा मानते हुए 'अहं केतुरहं मूर्धा'[12] कह डाला। इसी लिए शतपथ ब्राह्मण किसी भी धार्मिक क्रिया में पत्नी की उपेक्षा न करवाते हुए यह घोषणा करता है –अयज्ञियो वा एष योऽपत्नीकः'[13] अर्थात् कोई भी पुरुष बिना पत्नी के यज्ञ का अधिकारी नहीं है। अर्थात् जो भी धार्मिक अथवा सामाजिक क्रिया हो वहीं स्त्री की सहभागिता आवश्यक ही है। इन्हीं संदर्भों में अर्थववेद 'युवं भगं सं भरतं.........'[14] कह कर पुरुष एवं स्त्री दोनों को ही आदेश करता है कि पत्नी एवं पति, तुम दोनों एक ही होकर प्रचुर ऐश्वर्य कमाओ। तुम दोनों परस्पर रुचि लेकर परस्पर मधुर वाणी में वार्तालाप करो। इसी लिए ऋृग्वेद पत्नी को घर मानता हुआ "जायेदस्तम्"[15] कहता है। इसीलिए महाभारत के अनुशासन पर्व एवं मनुस्मृति में नारी की महत्ता बताते हुए यह कहा गया है–

स्त्रियो यत्रा च पूज्यन्ते, रमन्ते तत्रा देवता।
अपूजिताश्च यत्रौताः सर्वास्तत्राफला क्रियाः।।[16]

अर्थात् स्त्रियां पूज्य हैं – इसी को सभी ग्रंथ बताते हुए कहते हैं जहां स्त्रियां अपूजित रहती हैं वहा सभी क्रियाएं फल रहित होती हैं फिर चाहे वह धार्मिक क्रिया हो अथवा कोई अन्य क्रिया। ठीक इसके विपरीत जहां स्त्रायों का सम्मान होता है वही भाग्य भी रहता है। वेदों में जो यह कहा गया है कि "यज्ञं दघे सरस्वती", "शुद्धा पूता योषिता यज्ञिया इमा"[17] एवं 'इडेरन्ते हव्यें काम्ये चन्द्रे ज्योते अदिते सरस्वती यहि विश्रुता एगता ते अध्न्ये नामानि देवेम्यो मा सुकृतं ब्रूतात।'[18] का अर्थ इसी ओर हमें प्रेरित करता हुआ चलता है एवं बताता ही है कि स्त्री की सहभगिता पुरुष के समकक्ष ही है। इसी कारण गृहवासियों के मध्य उसे महारानी के पद से सुशोभित करते हुए वेदों के ये वचन द्रष्टव्य है–

यथा सिन्धुर्नदीनां साम्राज्यं सुषुवे वृषा।
एवा त्वं सम्राज्ञयेधि पत्युरस्तं परेत्य।।

सम्राज्ञयेधि श्वसुरेषु सम्राज्ञयुव देवृषु।
ननान्दुः सम्राज्ञयेधि सम्राज्ञ्युत श्वश्रवा।।[19]

इसी संदर्भ में महाभारत के उद्योग पर्व में भी कुछ ऐसा ही कहा गया है कि–

पूजनीया महाभागाः पुण्याश्च गृहदीप्तयः।
स्त्रियः श्रियो गृहस्योक्ता................ ।।[20]

अर्थात् नारी घर की न केवल शोभा होती है अपितु ये पूजनीय है। महाभारत का आदिपर्व पुरूष को अप्रिय वचन बोलने से रोकता हुआ कहता है –

सुंसंरब्धोपि रामाणां न ब्रूयादप्रियं वचः।
रतिप्रीतिंच धर्मंच तास्वायतमवेक्ष्यहि।।[21]

क्योंकि कारण इस का स्पष्ट है कि रति प्रेम एवं धर्म सभी कुछ इन्हीं के अधीन है। इसीलिये वेदों में यह कथन जहां पुरूष को नारी का पोषण करने वाली कहा गया है 'मयेयमस्तु पोष्या'। मा व्यथिष्ठा मया सह।[22] अर्थात नारी मेरे द्वारा ही पोष्या है, मुझे ही इसका पालन करना चाहिए। इन्हीं संदर्भों में अथर्ववेद में यह कथन द्रष्टव्य है जो नारी को राजराजेश्वरी की तरह रखने की बात की गई है।

सम्राज्येधि श्वशुरेषु सम्राज्ञ्युत देवृषु
ननान्दुः सम्राज्येधि सम्राज्युत श्वश्रवाः।।[23]

अर्थात ससुराल में नारी जा कर साम्राज्ञी बने। इसी प्रकार यदि देखा जाए जो नारी को चारों ओर से वेदज्ञान का संयोग होना चाहिए– "ब्रह्मापरं युज्यतां ब्रह्म पूर्व ब्रह्मान्ततो मध्यतो ब्रह्म सर्वतः।"[24] वहीं दूसरी ओर नारी का एक रूप राज्याधिकरिणी में प्राप्त होता है जो न्यायाधिष्ठात्री बन न्याय भी करती है "अहम् वदामि नेत् सभायामह त्वं वद"[25]। इसी संदर्भ में सत्य की विधात्री नारी ही मानी गयी है। 'वेधा

ऋतस्य'[26] कह कर वह ज्ञान का उपदेष्ट्री मानी गई है' व ज्ञान को बांटने वाली का रूप भी सामने आता है–'चोदयन्ती सूनृतानां चेतन्ती सुमतीनाम।'[27] मार्कण्डेय पुराणों में मदालसा की कथा जो मिलती है वह नारी को आत्मतत्त्व का दर्शन करवाने वाली है क्योंकि वैदिक साहित्य में माता का स्थान अत्यन्त सम्माननीय पद रहा एवं इस का कई स्थानों पर उल्लेख मिलता है। वैदिक साहित्य में माता को सबसे धर्मिष्ठ एवं प्रिय सम्बन्धी बताया गया है।[28] इसी कारणवश भक्ति से अभिभूत भक्त ईश्वर को मां के स्वरूप के देखने का प्रतिपक्षी रहा है। 'त्वं हि नः पितावसो त्वं माता शतकृतो बभूविथ'[29]। यहा तक कहा जा सकता है कि साधारण भाषा में मां पिता में भी प्रथम स्थान मातृशक्ति को ही दिया है।[30] इसी प्रकार समावर्तन संस्कार के अवसर आचार्य अपने शिष्य को माता को देवता के समान ही पूजा करने का आदेश देता था– 'मातृदेवो भव'[31] सूत्रों में प्रथम स्थान मां को दे कर स्त्री–तत्व को सम्मानित ही नहीं किया अपितु उसे पुरुष से अधिक महत्वपूर्ण बताया वहीं दूसरी ओर पुत्र को माता के मन के अनुकूल होने की ही अर्थववेद आज्ञा देता है– "मात्रा भवतु सम्मनाः।"[32] इसीलिए वीर पुत्रों को जन्म देने वाली माता का स्थान समाज में अत्यन्त प्रतिष्ठायुक्त रहा।[33]

वस्तुतः आर्य संस्कृति में नारी के प्रति श्रद्धा का प्रस्फुटन विभिन्न देवी स्तवन उक्तियों में दिखाई देता है। अदिति, इला, इन्द्राणी पृश्नि आदि देवियों की जो स्तुति वैदिक साहित्य में हमें आज भी उपलब्ध होती है वह स्त्री के प्रति सम्मान का सूचक है। इसी प्रकार सूर्या, वाक् सरस्वती इत्यादि की भी वन्दना की गई है। सरस्वती को पतित पावनी, धन दायिनी, सत्य की ओर प्रेरित करने वाली, ज्ञान दायिनी माना गया।[34]

अपने रोते हुए पुत्र को चुप करवाने के लिए मदालसा जो लोरी सुनाती है उस नारी का वह भव्य रूप सामने आता है जिस पर एक गुरू अपने शिष्य को अग्रसर करने का प्रयास करता है––

शुद्धोसि रे तात न तेऽस्ति नाम कृतं हि कल्पनयाधुनैव।
पंचात्मकं देहमिदं न तेऽस्तिनैवास्य त्वं, रोदिषि कस्य हेतोः।।

अर्थात् इस जगत में कुछ भी तेरा नहीं है और न तू किसी का है तो इस लिए क्यों रोता है। इन्हीं संदर्भों में ध्रुव की कथा अंकित की जा सकती है अर्थात ध्रुव को जीवन के श्रेष्ठ लक्ष्य पर पहुंचाने का काम मातृशक्ति ने ही किया था। नारी को पोषक रूप में स्वीकार करते हुए दुर्गा सप्तशती को उद्धृत करना समीचीन होगा क्योंकि नारी को वहां बुद्धि रूप, शक्तिरूप, लक्ष्मीरूप, ज्ञानरूप आदि मानते हुए उस की स्तुति की गई है एवं नवरात्रों में स्त्री तत्त्व का दर्शन हम मातृरूप में ही करना चाहते हैं जो सभी को प्रसन्नता एवं सुख देने वाली है।

बींसवी शताब्दी में जो नारी समानता का आन्दोलन चल रहा है वह भारतीय मानस की उपज नहीं हो सकता। वास्तव में पाश्चात्य जगत में जो समसामयिक धर्म रहें हैं उनमें नारी को हीन दृष्टि से देखा जाता रहा है यहां हम यह भूल जाते हैं कि हिन्दूधर्म की श्रेष्ठता नारी के सम्मान में है एवं हिन्दू मान्यता लगभग सभी प्रकार से प्रबुद्ध नारी को पूजन ही करती है। हिन्दू संस्कृति नारी को मातृरूप में अवस्थित कर, पत्नी रूप में रख कर पुत्री के रूप में रखकर प्रकांरातर से पूजा ही करती है। आवश्यकता आज इस बात की है नारी के चरित्र पर जो समय की धूल पड़ी है एवं पुरुष के संस्कारों में जो कमी पाश्चात्य सभ्यता के कारण आयी है उस कमी को पूरा कर नारी को उस मंगलमय रूप में प्रतिष्ठित करें जो हमारी वैदिक सृष्टि में रही।

आज की नारी भौतिकवाद के चक्रव्यूह में फंस कर अपने को हीन समझने लगी है। नारी ने अपनी सही छवि को विस्मृत कर दिया है। यदि परम्परा समय को देखें तो नारी राष्ट्र निर्माण व्यक्तित्व निर्माण, समाज निर्माण में सक्रिय योगदान करने वाली हमेशा से ही रही है। आधुनिक परिप्रेक्ष्य में इस सत्य की हम झुठला नहीं सकते। यदि समाज में हम उन्नति चाहते हैं सर्वांगीण विकास चाहते हैं तो निश्चित

तौर पर हमें अपनी प्राचीन वैदिक संस्कृति के समग्ररूपेण दर्शन करने होंगे अन्यथा "नान्यः पन्था विद्यतेऽयनाय"।

सन्दर्भ

1. तैत्तिरीय संहिता : सायण भाष्यभूमिका।
2. शंकराचार्य कृत प्रश्नावलि।
3. मनुस्मृति 3 56, 9.29 –27।
4. बृहत्संहिता 74, 7–6।
5. वही 74, 8।
6. अथर्ववेद 14.2.47।
7. मनुस्मृति 9–130।
8. महाभारत : अनुशासन पर्व : 46/7।
9. अथर्ववेद 14.1.43।
10. महाभारत : शान्तिपर्व 144.16।
11. महाभारत आदिपर्व 74/41।
12. ऋग्वेद 10.159.2।
13. शतपथ ब्राह्मण 3.3.31।
14. अथर्ववेद 14.1.31।
15. ऋग्वेद 3.53.4।
16 महाभारत : अनु 46/5–6 एवं मनु 3–55, 59।
17 ऋग्वेद 8.3.11।
18. अथर्ववेद 11.1.17।
19. यजुर्वेद 8.43।
20. महाभारत : उद्योग पर्व 38/11।
21. महाभारत : आदिपर्व 75/51।
22. अथर्ववेद 14.1.52, 48।
23. अथर्ववेद 14.1.44।

24. अथर्ववेद 14.2.74।
25. अथर्ववेद 7.39.4 : द्रष्टव्य ऋग्वेद 1.126.7।
26. ऋग्वेद 10.86.10।
26. ऋग्वेद 1.3.11, 10.1.59.2, 85 ; 26।
28. ऋग्वेद 1.24.1 , 7.101.3।
29. ऋग्वेद 9.98.11।
30. ऋग्वेद 4.6.7।
31. तैत्तिरीय उपनिषद् 1.11।
32. अथर्ववेद 3.30.2।
33. यजुर्वेद 4.23, शतपथब्राह्मण 3.3.1.12।
34. ऋग्वेद 1.3.10–12।

4

शाक्तों का स्त्री-तत्त्व

रमाकान्त आंगिरस

अपनी बात कहने से पहले मैं स्पष्ट करके चलता हूँ कि मेरे लिए स्त्री कोई विवाद का विषय नहीं रहा है। न ही यौन लिंगों के नाम पर धड़ेबन्दी का मेरे से सम्बन्ध है। न ही ऐसे लोगों से कोई सम्बन्ध है जो यह समझते हैं कि स्त्री कोई समझने की चीज ही नहीं केवल प्रेम की चीज है। क्योंकि ऐसे लोग प्रायः वे हैं जिनके पास न प्रेम है न समझ है। जहाँ प्रेम होता है वहां समझ होती ही है। जहां प्रेम होगा, समझ होती ही वहीं है। स्वार्थी व्यक्ति का मन तो हमेशा भाषा के स्तर पर ही जीता है। और भाषा तो लिंगों के आधार पर विभाजन मानकर ही चलती है जो एक ऐसा युद्ध का मैदान बन जाते हैं, जिसमें लोग मिलते तो हैं पर एक दूसरे का गला काटने के लिए। अतः स्त्री को यदि स्वयं को समझना है या पुरूष को भी यदि स्त्री को समझना है तो दोनों को ही प्रेम और ज्ञान में दीक्षित होना पड़ेगा। अन्यथा स्त्री बड़ी या पुरुष बड़ा के चक्कर में हम तोता–मैना के किस्से कहने या लिखने से ऊपर नहीं उठ पाएंगें। किस्से की भाषा सड़क–छाप हिन्दी से उठकर ऑक्सफोर्डियन इंग्लिश जैसी भी हो सकती है।

मेरा स्त्री से प्रथम परिचय गन्ध के माध्यम से हुआ। गन्ध धरती का ही गुण है और था। मै गन्ध के आधार पर ही एक स्त्री का दूसरी

स्त्री से अन्तर कर सकता था। रूप के आधार पर और आवाज के आधार पर स्त्री की पहचान ज़रा बाद में हुई। लेकिन यह पहचान यहीं तक रह जाती यदि स्त्री ने ही एक चैलेंज के रूप में चेतना के सोपानों पर चढ़ने की प्रेरणा न दी होती। इस 'स्त्री' को मैने सहस्र नाम दिए। उसके पास बैठकर बोलना सीखा तो मेरी वाणी को भी मातृका कहा गया। देखना शुरू किया तो दृष्टि कहा गया। सुनना शुरू किया तो श्रुति कहा गया। वर्णमातृका, दृष्टि और श्रुति तीनों स्त्रीवाची शब्द मेरे जीवन का यथार्थ बन गए। वाङ्मातृका यानि संस्कृत वर्णमाला, दृष्टि–यानि मेरा अपनापन और श्रुति मेरी परम्परा बन गई। इस त्रिकोण के बीच बैठकर जो कुछ समझ में आया वह मेरे सम्मुख है।

केवल ऐतिहासिक दृष्टि से स्त्री का अध्ययन द्वन्द्वात्मक संघर्ष को हवा देने की बात है। अतः उस विषय में मुझे अधिक नहीं कहना है। वैदिक काल में स्त्री का जो रूप सामने आया था वह अतिमहनीय था। किन्तु बाद में जब आर्यों की स्त्री सम्बन्धी मान्यता में और आर्येतर–जातियों– जैसे कि ग्रीक, यूची, शक, कुषाण, हूण, अरब, मंगोल, अंग्रेज जातियों की स्त्री सम्बन्धी मान्यताओं का मिश्रण होता गया तो परिवर्तन होता गया। इन जातियों के घरों में रहने वाली स्त्री सम्बन्धी धारणाओं का अध्ययन करके ही भारतीय स्त्री का इतिहास हम समझ सकते हैं।

यह दृष्टि ठीक नहीं कि बाहर से आई जातियों के प्रभावों को हर श्रेष्ठता के साथ जोड़ दिया जाए और दूषित प्रभावों को रामायण, महाभारत और मनु के साथ जोड़ दिया जाए। इतिहास तब एक तोता–मैना का किस्सा बन जाता है जब वह मरे हुए तथ्यों को जीवित तो कर नहीं सकता पर लिस्ट सूची छाप देता है कि इतिहास में इतनी औरतें बेवफा निकलीं और इतने पुरुष बेरहम निकले। बेवफा औरतों को तलाक मिलना चाहिए और बेरहम आदमियों को मौत के घाट उतार देना चाहिए। अतः मैं उस दृष्टि को लेना चाहता हूँ जो स्त्री को भूत और भविष्यत् के चक्कर से मुक्त करके उसको वर्तमान

में देखती है, यथार्थ रूप में देखना चाहती है। उसकी धरती को भी पहचानना चाहती है और उसकी दिव्यता को भी।

यह ठीक है कि समाज में नारी की स्थिति को लेकर एक विवाद रहा है कि मूलतः भारतीय विचारधारा में नारी के प्रति एक नकारात्मक रूख रहा है। इस आरोप का कारण संभवतः इसलिए भी उचित हो क्योंकि संस्कृति, साहित्य और कला में उसका जो रूप रहा है वह धीरे – धीरे लोकजीवन में विकृत होता रहा है और समय – समय पर शास्त्र को भी विकृत करता रहा है। आर्थिक, राजनैतिक एवम् सामाजिक दुर्दशा के कारण नारी के प्रति दृष्टिकोण के बाहरी स्तरों पर बहुत विकृति आई है। किन्तु मूल या केन्द्रीय दृष्टि में परिवर्तन के स्थान पर विकास भी मिलता है। उसी दृष्टि की एक झलक हम कालिदास से शुरू करते हैं। महाकवि कालिदास की जब बात शुरू करते हैं तो उसके जीवन के दो पक्ष सामने आते हैं । पहला पक्ष जड़ कालिदास का, जो जड़ता और अज्ञान का ऐसा रूप है जिसमें चालाकी, धूर्तता या दम्भिता का लेश भी नहीं। व्यवहारबुद्धिशून्य एक आदमी, जो पेड़ की जिस शाखा पर बैठा है, उसी को काट रहा है। आत्मनाश या आत्मरक्षा कि सहजभावना से भी अपरिचित। लोकदृष्टि में निपट महामूर्ख, जिसकी दीक्षा का दायित्व स्त्रीशक्ति ने अपने पर लिया। क्योंकि शक्ति के अवतरण का इससे बढ़िया माध्यम दूसरा हो नहीं सकता था। छोटी मोटी व्यावहारिक समझदारी, जिसे आम लोकजीवन में बड़ा उपादेय या अपरिहार्य माना जाता है, उसका दिव्यता के जीवन से इसलिए घोर विरोध रहा है क्योंकि हमारी व्यावहारिकता की आधारभूमि छोटे छोटे स्वार्थ या अहंकार ही हैं। फलतः हम व्यावहारिक जीवन में परम सत्ता या पराशक्ति का जो भी चिन्तन करते हैं उसे अपने क्षुद्रस्वार्थों की पूर्ति में ही साधन बनाना चाहते हैं। अतः कहा जा सकता है कि मुक्त जीवन ही परमशक्ति के निवास का स्थान हो सकता है। अतः कभी कभी मुझे अपढ़ कालिदास और रामकृष्ण परमहंस में बड़ी समानता लगने लगती है। दोनों ऐसे व्यक्ति जिनका चुनाव आद्या महाशक्ति कालिका स्त्री के द्वारा स्वयं किया गया। और

लगता है कि जड कालिदास के संस्कार और दीक्षा का दायित्व भी एक स्त्रीदेह के माध्यम से अपने पर स्वयं ही ले लिया। फलतः दीक्षा के होते ही कालिदास के मन, प्राण, चेतना में स्त्री एक तत्त्व के रूप में व्याप्त हो गई। जिसकी अभिव्यक्ति ही उनका साहित्य है।

स्त्री क्या है? यह पहेली जितनी उलझी हुई है उतनी ही सरल है। शायद यह सरलता अतिबुद्धिवादिता के कारण अधिक उलझ जाती है। कहते हैं महाज्ञानी शंकराचार्य से एक स्त्री भारती ने सवाल कर दिया कि तुमने ब्रह्म, माया, जीव, जगत् की सब ग्रन्थियां समझ रखी हैं। पर यह बताओ कि वह स्त्री की कौन सी कला है जिससे वह आकर्षण करती है। कहते हैं कि ज्ञानी शंकर को भी इस सवाल को हल करने के लिए राजगृह की स्त्रियों के बीच छः महीने रहना पड़ा। संभवतः शंकर के मठों में महामाया त्रिपुरसुन्दरी की साधना और बौद्धों, जैनों में तारा आदि देवियों की उपासना के मूल में इसी स्त्रीतत्त्व को यथार्थतः ग्रहण करके ही संन्यास की पूर्णता की जाती रही है। कहा जाता है कि प्राचीन भारत के लोग संभोगव्रत को धर्मांग मानते थे। स्त्री के साथ एकान्त में रहते हुए भी रति–सुख में प्रवृत्त नहीं होते थे। इसका कारण नपुंसकता नहीं, सामाजिक आवश्यकता थी। लोग जानते थे कि इन्द्रियों के आवेगों को परितृप्त करने के लिए यदि किसी भी वस्तु को केवल भोग के सुख का माध्यम बनाया जाएगा तो भोग्य या वस्तु का उपभोक्ता की दृष्टि में अवमूल्यन हो जाएगा। पहले अवमूल्यन हो चुका था। अतः अवमूल्यन से बचने का एक ही रास्ता रहा है कि लोग कामसुख को इन्द्रियद्वारों तक ही न बुझ जाने दें उसे अन्तरात्मा के स्तर तक भी पहुंच जाने दें। वहां पहुंचकर वह आनन्दानुभूति में रूपान्तरित हो सकेगा। अन्यथा वह कामसुख रोग, शोक एवम् विपत्ति का कारण बनेगा। मिलन को नहीं विभाजन को पैदा करेगा। क्योंकि महासुख के प्रतीक तत्त्व या धातु को क्षणिक संवेदनाओं के स्तर पर भोगने का परिणाम व्याधियों एवम् नरपशुओं की सृष्टि ही होगा।

शास्त्र और अनुभव दोनों ने कहा है कि पराशक्ति जब खेल में प्रवृत्त हुई तो स्वयं को मिथुनभाव में पाया। इस मिथुनभाव का प्रादुर्भाव ही शिव–शक्ति, राधाकृष्ण आदि के रूप में हुआ। इस अनन्त सृष्टि में तब से निरन्तर शिव का शक्ति में शक्ति का शिव में, राधा का माधव में और माधव का राधा में रूपान्तरण होता रहा है। पर बाहर से यह रति द्विमुखी दिखाई देने पर भी अन्दर से पराशक्ति की आत्मरति या आत्मक्रीड़ा रही है। संभवतः रतिक्रीड़ा की भी अन्तिम परिणति यही है। शाक्त कहते हैं कि इस दो के मिथुन में तीसरे का तो अस्तित्व ही नहीं है। यह अतिरहस्य लीला, जिसका बाह्य रूप कोई है ही नहीं, उसे तीसरे बनकर नहीं तादात्म्य या आत्मविसर्जन के स्तर पर देखा जा सकता है। दो के खेल में जो तीसरा होना चाहता है वह असुर बन जाता है। असुर को अपने में समेटना शक्ति का अपना काम है। शुम्भ और निशुम्भ नामक दो असुरों ने शिव की आराधना में लीन देवी को सन्देश भेजा कि "देवी तुम अप्रतिम सुन्दरी हो। हम त्रिलोकी में अप्रतिम बलशाली हैं। हमारी अर्धांगिनी बनो।" देवी ने असुर को यह कहकर अस्वीकृत कर दिया कि "जो मुझे युद्ध में जीत सकता है, जिसमें मेरे स्त्रीतत्त्व के दर्प को दमित करने की शक्ति है, जो मेरे ही समान पराक्रमशील है, वही मेरा भर्ता हो सकता है।" स्त्रीतत्त्व का यह दर्प ही उसकी कान्ति, बल, नीतिबल या धर्मबल रहा है। यही उसकी सर्वाकर्षिणी, सर्वोत्कृष्टा, सर्वानन्दमयी कला का उन्मेष है जिसे शिव बनकर ही देखा जा सकता है पशु बनकर नहीं।

वस्तुतः आगमों में जब यह कहा गया है कि "हे मां तुम न तो मात्र पुरुष हो, न ही स्त्री। तुम तो चित्‌रूपिणी हो, तुम्हारे में नपुंसकता भी नहीं।" तो उस समय इस बात को ध्यान में रखा गया है कि स्त्री, पुरूष या नपुंसक आदि तो भाव हैं। भाव मानी कलाएं, रूप या पक्ष, जिनमें स्त्री समय – समय पर अभिव्यक्त होती रहती है और कला क्योंकि स्वयम् अनन्त शक्ति से उठी है अतः अनन्त की ही प्रतिनिधि होती है। क्योंकि प्रत्येक कला में अन्य कलाओं का भी समावेश रहता है। अतः जब एक कला यानि स्त्री–कला का आविर्भाव होता है तो

उसके अन्दर ही पुरुष–कला मातृकला, पितृकला, पुत्री–कलाएं भी समाविष्ट रहती हैं। इन्हीं कलाओं के कारण स्त्री होते हुए भी उसे संस्कृत में कभी नपुंसक–लिंगी 'कलत्र' पद द्वारा कभी पुरुष–लिंगी दारा शब्द द्वारा बोधित किया गया है। क्योंकि स्त्री में भी क्रिया के स्तर पर पुरुषत्व या नपुंस्त्व आदि भाव जागृत होते रहते हैं अतः भावसृष्टि सारी ही इतनी संसृष्ट या मिश्रित है कि इसमें कुछ भी स्वतन्त्र नहीं। जो स्वतन्त्र है वह इन सब का सार है जो अनेक भी नहीं एक भी नहीं, युगपत् है। स्त्री में पुरुष, पुरुष में स्त्री अथवा नपुंस्त्व आदि भाव तीनों गुणों की तरह 'सर्वे सर्वत्रगामिनः' हैं, सभी एकसाथ रहेंगे। हां कभी कोई आगे कोई पीछे। अर्धनारीश्वर में नर और नारी, नटेश में कला और कलाकार के युगपद्–भाव की ही अभिव्यक्ति हुई है। किसी महाकवि की दृष्टि जब परमशक्ति के इन कलाभावों का साक्षात्कार कर लेती है तो परमशक्ति के साथ उसके संसर्ग का तुरन्त फल जो होता है वह है दृष्टि का पूर्ण रूपान्तरण, अपूर्णता का पूर्णता में पर्यवसान, जिसके आगे निष्कल या निर्गुण तत्त्व भी सकल हो उठता है। और यहीं, इसी जगत् में रहते हुए ही उसका जगत् अपने में होने वाले क्षण प्रतिक्षण नए उन्मेषों के कारण रमणीयता या सौन्दर्य में पलट जाता है। कविदृष्टि के आगे रमणीयता या सौन्दर्य का यह नित्य नर्तन अनन्त कलारूपों में अखण्ड सम्बोधों में जाग्रत् हो उठता है। वह उसी के अधीन होकर या उसी में तन्मय होकर जीता है। अतः एकत्व में अनेकत्व का संचार करने वाली, भू धातु को भव में परिणत कर देने वाली, निष्क्रिय को गति देने वाली पराशक्ति की इस लोक में अभिव्यक्त कला को स्त्री कहना चाहिए। संस्कृत भाषा में स्त्री शब्द की व्युत्पत्ति में कहा जाता है कि यह शब्द 'स्त्य' मूल के आगे ड्रप् और ङीप् प्रत्यय लगाकर बनता है। मूल 'स्त्य' का अर्थ है पहले व्यर्थ को समेट कर एकत्रित करना ;यानि आकर्षण करना। फिर उस एकत्रित पुंज को क्रम से फैलाना या विखेरना। वैसे "स्तृ" धातु का अर्थ भी विस्तार देना ही है। वेदान्तियों की माया–सम्बन्धी इस धारणा का क्या होगा यदि हम स्त्री को ब्रह्म की बृंहणशील

विस्तारयित्री शक्ति मान लें? यदि हम ब्रह्म के बृंहण या विस्तार को अविद्या ही मान लेंगे तो यह ब्रह्म मात्र अविद्या के और कुछ नहीं रह जाएगा।

वस्तुतः स्त्री–कला के सृष्टि में दो ही मुख्य कार्य नजर आते हैं। एक तो आकर्षण करना दूसरे विकर्षण करना। इनमें भी दूसरा रूप मातृत्व के अन्तर्गत आता है जिसके माध्यम से ब्रह्म की "एकोऽहं बहु स्याम प्रजायेय" वाली संकल्पना पूरी होती है। स्त्रीत्व का जो आदि रूप है वह है आकर्षण करना। देह और काम के स्तर पर भी इसी भाव की प्रबलता को देखते हुए संस्कृत–कोषकारों ने स्त्री शब्द के "स्त्य" मूल का अर्थ "स्त्यायेते शुक्रशोणिते यस्याम्" अर्थात् जिसमें वीर्य और रज का पहले सम्पुञ्जन फिर विकिरण होता है। अतः स्त्री का प्रथम रूप या आदि रूप चरम आकर्षण का है जिसको वैष्णवों ने भगवान् की अन्तरंगा शक्ति कहा है। जो धारारूप प्रवाह या लोकमातृत्व के रूप में आने से पहले राधा हैं। स्वयं भी कृष्ण–पुरुष के प्रति आकृष्ट हैं, और उसको आकर्षित कर भी रही हैं। पर जब कृष्ण भी आकर्षक हो जाते हैं तो राधा ही हो जाते हैं। देहस्तर पर भी वे मोहिनीरूप ही हो जाते हैं। चाहे असुरों के चंगुल से अमृत आकृष्ट करना या छीनना हो, चाहे शिव की सोमकला से जमकर बर्फ हुए शुक्र को धरती पर प्रवाहित करना हो, विष्णु को अपनी कामाकर्षिणी कला से वामा या मोहिनी स्त्री बनना ही पड़ेगा। यह आकर्षण–शक्ति या सौन्दर्य आराधना या तप से प्राप्त है। भगवान् ने भी तप किया और भगवती ने भी। उसने तप में उसकी आराधना की और उसने उसकी फलतः दोनों ही एक थे, एक हो गए। इस स्थिति का साक्षात्कार करने वाले वैष्णव कवि के मुख से अकस्मात् बोल फूट पड़ा–"राधा माधव भेंट भई। राधा माधव माधव राधा कीट भृंग गति ह्वै जु गई।।" मानव–चेतना के स्तर पर से लेकर भौतिक सृष्टि के स्तर तक अर्थात् चन्द्र, सूर्य, वन, पर्वत, नदी, नाले, तृण, अणु, परमाणु सब में राधामाधव की ही भेंट हो रही है। आकर्षण ही आकर्षण, फिर कर्षण और

विकर्षण। आगम–शास्त्र ने सृष्टि के प्रत्येक स्तर पर चल रही इसी लीला को अनुभूत कर भगवती को अनेक नामों से संबोधित करते हुए उसको प्रसन्नता रही है।

किन्तु समाज में परिवर्तनशील उपयोगितावाद के स्तर पर जैसे प्रत्येक विचार या धारणा विडम्बित होती है कुछ वैसी ही विडम्बना इस स्त्री–सम्बन्धी धारणा के साथ भी उतरवर्ती काल में हुई। कुछ एक ऐतिहासिक कारणों से ही विकृत चिन्तन इस रूप में उभरा कि दर्शन, स्पर्शन और मैथुन में पुंशक्ति का सर्वथा अपहरण करने के कारण नारी को प्रत्यक्ष राक्षसी तक कहा। मध्यकालीन सन्त भी अपनी परम्परा से विच्युत होकर कुछ समकालिक रूढ़ि के विकृत प्रभाव के कारण पतनशील समाज में किसी प्रकार पतनशील रूढ़ियों का आश्रय लेकर जीने लगे थे। और वैसे भी स्वरूप–चिन्तन की समाप्ति और रहस्यवादी गोपनीय प्रवृतियों का उदय मध्यकाल की पृष्ठभूमि में पनपना शुरू हो गया था। अन्यथा वैदिककाल की पुरन्ध्रि योषित् का स्थान भारतीय लोक में कम कमनीय नहीं रहा होगा। आज भी पूंजीवादी या समाजवादी व्यवस्थाओं में स्त्री और पुरुषवाली बात तो गौण हो गई है। क्योंकि दोनों ही व्यवस्थाएं मूलतः अर्थ–सीमित हैं। अर्थ–प्रधान हैं। जीवन के अर्थ खोलना उनके बस की बात ही नहीं। अतः वहां यदि स्त्री को नौकरी, पद या आर्थिक सुविधा देकर उसको उपलब्धियों का घृणित माध्यम या व्यावसायिक साधनमात्र ही बना लिया जाता है तो वहां स्त्री–तत्त्व आज भी उतना ही उत्पीड़ित है। भले ही प्रचार कैसा भी होता रहे।

प्राचीन परम्परा में कुछ शाक्तों और वैष्णवों के आगे ये धाराएं पूरी तरह से खुलीं। शैवों में कालिदास ने स्त्रीतत्त्व का जो ध्यान किया तो उसे लगा कि शकुन्तला का सौन्दर्य और आकर्षण प्रत्येक युग की अपनी उपलब्धि तो है ही। पर शकुन्तला के भी अखण्ड तप एवम् पुण्यों का फल ही नारी देह के रूप में आविर्भूत हुआ है। हिमपुत्री पार्वती के प्रकरण में कालिदास ने स्त्रियों की चारुता की बात करते

हुए कहा कि सौभाग्यरूप फल को प्राप्त करना या प्रिय को आकृष्ट कर लेना ही चारूता का लक्षण है। वैष्णवों में चण्डीदास और विद्यापति 'स्त्री' की इस रूपाकृष्टि को देख पाए तो प्राणों में ऐसी ज्वाला भर गई कि बुझ ही न सकी–"जनमि जनमि भर रूप निहारिल अजहूं न तिरपित भेल" समाज में, व्यवहार में लोगों ने इस स्त्रीत्व को चाहे जैसे भी समझा हो किन्तु पुण्यशील चेतना वाले संवेदनशील महात्माओं को स्त्रीत्व का साक्षात्कार हुआ तो उन्हें पता चला कि सृष्टि के मूल में तत्त्व रूप एक ही स्त्री है, जो आकर्षण भी करती है विकर्षण भी। वह केवल लिंगों तक सीमित नहीं। अतः स्त्रीसमुदाय के प्रति मार्कण्डेय मुनि की यह श्रद्धा एवम् अभिनन्दन मिथ्या औपचारिकता नहीं–

विद्याः समस्तास्तव देवि भेदाः स्त्रियःसमस्ताः सकला जगत्सु।।[2]

वस्तुतः सारी प्राचीन दृष्टि में एक बात अवश्य परिलक्षित होती है कि तत्त्व के रूप में तो स्त्री का सर्वत्र अभिनन्दन ही हुआ है। किन्तु व्यक्ति स्त्री के रूप में उसमें गुण और दोष वाली दृष्टि को यथार्थ मानकर पक्ष और विपक्ष में दोनों तरह की बातें कही गई जाती रहीं।

संदर्भ

1. पुरंध्रिः – पुरं गेहस्थजनं धारयति पुरंध्रिः।
   "पुरंध्रीणां चित्तं कुसुमसुकुमारं हि भवति"। उत्तर रामचरित 4–12।
2. अर्थात् हे देवि ! समस्त विद्याएं और जगत् की समस्त स्त्रियां तुम्हारे ही अनेक रूप हैं। दुर्गासप्तशती 11–6।

5

संस्कृत-साहित्य में स्त्री-लेखिकाओं का चिन्तन- कल और आज

पद्‌मजा अमित

नारी सृष्टिकर्ता की ऐसी अनुपम रचना है जिसे विधाता ने असंख्य गुणों से सम्पन्न करने के पश्चात् अपनी अद्वितीय शक्ति– रचना के अधिकार से भी महिमा मंडित कर दिया जिसके फलस्वरूप नारी समाज में जननी के शिखर पद पर आसीन हो स्वयं विधाता की शक्ति का प्रतीक बन गयी। नारी ब्रह्म का ही अर्द्धांश है इस कारण सत् चित् आनन्द स्वरूप है।

नारी अपनी अद्‌भुत् दैहिक रचना, स्वभाव, प्रकृति एवं बौद्धिक सामर्थ्य के कारण आदिकाल से ही अपने लिए निर्धारित उस कठिनतम भूमिका का निर्वाह करती आयी है जिसे पुरुष शक्ति सम्पन्न होते हुए भी अकेला निभाने में असमर्थ है। मानव अस्तित्व से जुड़े प्रत्येक अपरिहार्य क्रिया कलाप यथा शिशु को जन्म देना तथा उसका पालन–पोषण एवं भोजन पकाने से लेकर परिवार के वृद्ध, रोगी एवं असहायों की सेवा–शुश्रूषा आदि सम्पूर्ण गृहस्थी के कार्यो का भार सभ्यता के प्रारम्भिक काल से नारी ही निभाती आयी है। किन्तु नारी शक्ति स्वयं को केवल यहीं तक सीमित रखकर सन्तुष्ट नहीं हुई।

उसने अपनी बौद्धिक क्षमताओं के कीर्तिमान उन क्षेत्रों में भी स्थापित किये हैं जो पुरुष वर्चस्व के गढ़ समझे जाते रहे हैं। यदि अपने ज्ञान की उत्कृष्टता के कारण पुरुष ने ऋषि पद प्राप्त किया तो वैदिक युग में मंत्र –दृष्टा घोषा, अपाला, वाक् आदि ब्रह्मवादिनी ऋषिकाओं ने भी वही सम्मान एवं गौरव प्राप्त किया है। मैत्रेयी जैसी ब्रह्मवादिनी नारी भी उसी युग में हुई जिन्होंने पति की भौतिक सम्पदा को तुच्छ समझकर ब्रह्म–ज्ञान की अधिकारिणी बनने का सौभाग्य प्राप्त किया।

गार्गी जैसी ब्रह्म –जिज्ञासु नारी ने याज्ञवल्क्य जैसे महर्षि से शास्त्रार्थ करने का साहस दिखाया। सप्तर्षियों में श्रेष्ठ एवं ज्येष्ठ ऋषि वशिष्ठ की अर्द्धांगिनी अरुन्धती ने अपनी आत्मिक शक्ति एवं भक्ति के कारण तपस्विनी का पद प्राप्त किया इतना ही नही बल्कि कला और काव्य के क्षेत्र में, नृत्य एवं संगीत के क्षेत्र में, ज्योतिष एवं विज्ञान के क्षेत्र में, यहां तक कि राजनीति के क्षेत्र में भी नारियों ने अपनी अद्वितीय प्रतिभा का परिचय देकर अपनी अलग पहचान बनायी है। नारी भारतीय संस्कृति की अमूल्य परम्पराओं की धारयित्री, वाहिका एवं रक्षिका के रूप में प्रतिष्ठित है। महाभारत में संस्कृति –रक्षा का श्रेय स्त्री–वर्ग को देते हुए कहा हैः– वैषम्येऽपि सम्प्राप्ता गोपायन्ति कुलस्त्रियः। आत्मानमात्मना सत्योजितः स्वर्गो न संशयः। वनपर्व, 74–25।

इतिहास साक्षी है कि नारी ने अपनी लेखन कला से ज्ञान और कला के क्षेत्र को महिमा मंडित किया है। संस्कृत साहित्य में स्त्री लेखिकाओं के योगदान को यदि इतिहास के क्रम में देखें तो हमे अपनी दृष्टि को संस्कृत साहित्य के उस गौरवपूर्ण अतीत में ले जाना होगा जिसे समग्र विश्व वैदिक–युग के नाम से जानता है। ऋग्वेदकालीन साहित्य में इस बात के अनेक प्रमाण उपलब्ध है कि तत्कालीन काव्य सर्जन में महिलाओं का महत्त्वपूर्ण योगदान रहा है। उस युग की ऋषिकायें कहीं मंत्र दृष्टा के रूप में तो कहीं उपदेशिका के रूप में अपनी वैदुष्य प्रतिभा का परिचय देती है साथ ही ऋग्वैदिक ऋषिकाओं

के सूक्तों में प्रत्येक नारी के जीवन का वह रूप चित्रित है जो नारी के अन्तर्मन की इच्छाओं और आकांक्षाओं को प्रस्तुत करता है एवं जिसकी पूर्ति की कामना हर स्त्री के मन में विद्यमान है।नारी की वह शाश्वत कामना विश्ववारा आत्रेयी के मंत्र[1] में इस रूप में अभिव्यक्त की गयी है "हे अग्नि देवता, जो उत्तम तेज से विराजमान है, उस आत्मिक तेज को प्रदान करें जो प्रिय के सौभग को प्राप्त कर पाता है।" स्त्री–पुरुष का आन्तरिक प्रेम ही सौभग है जिसे पाने की कामना हर युग में की जाती रही है। दाम्पत्य–जीवन में संयम को प्राथमिकता देते हुए उस दाम्पत्य को चिरस्थायी एवं सुखी बनाने के सम्बन्ध में रचे गये मन्त्रों में नारी की दूरदृष्टि अन्तर्दृष्टि का परिचय मिलता है। सामाजिक दृष्टि से अत्यधिक महत्वपूर्ण समझे जाने वाले विवाह–संस्कार को समाज का सम्बल मानते हुए विवाह सम्बन्धी सूक्त की ऋषिका सावित्री सूर्या ने पाणिग्रहण संस्कार पर प्रकाश डाला है। स्त्री–पुरुषों की सहभागिता परस्पर प्रेम को दृढ़ करती है। पाणिग्रहण के अवसर पर मित्रता, समानता की भावना के साथ पति–पत्नी को सुरक्षा का भी आश्वासन देता है– 'गृहान् गच्छ गृहपत्नी यथासो वशिनी त्वं विदथ मा वदसि।[2] अर्थात् इस घर की स्वामिनी हो, सबको वश में करने वाली हो तथा सम्पूर्ण घर को आज्ञा देने वाली हो। अन्यत्र वधू, साम्राज्ञी बनो, इस प्रकार की कामना है।[3] नये घर में प्रवेश करने वाली उस नयी सदस्या के लिए शुभ एवं मान की व्यवस्था का मनोवैज्ञानिक औचित्य कोई नारी ही स्वीकार कर सकती है। पारिवारिक कल्याण के लिए ऐसी ही व्यवस्था अपेक्षित है।

वैदिक काल के पश्चात् मध्यकाल तक आते–आते मुगलों के आगमन के साथ भारतीय राजनैतिक परिवेश में कुछ ऐसे विघटनकारी परिवर्तन घटित हुए जिन्होंने नारी को पूर्णतया समाज में दोयम दर्जे की स्थिति तक ढकेल दिया। समाज पूर्णतया पितृ सत्तात्मक ढांचे के अन्तर्गत पुरुष समाज के प्रभुत्व से संचालित एवं नियंत्रित होने लगा। नारी की स्वतंत्रता पर अनेक प्रतिबन्ध लगा दिये गये।

समाज में नारी पर लगे प्रतिबन्धों ने उसके स्वतन्त्र चिन्तन, उन्मुक्त ज्ञानार्जन एवं लेखन वैशिष्टय को भी प्रभावित किया किन्तु प्रतिभा को कोई भी बन्धन भले ही कुंद कर दे किन्तु उसे समाप्त नहीं कर सकता। इस बात के अनेक प्रमाण उपलब्ध हैं कि अनेक बंधनों के होते हुए भी मध्यकाल एवं उत्तरमध्यकाल में ऐसी कम से कम 40 कवयित्रियों के नाम लिये जा सकते हैं जिनके रचनाओं के उद्धरण यत्र तत्र उपलब्ध हैं और सुभाषित संग्रहों में संकलित किये गये हैं।[4] इस काल की लेखिकाओं में सुभद्रा, विकट नितम्बा, विज्जिका, शीला भट्टारिका तथा देवकुमारिका, रामभद्राम्बा, तिरूमलाम्बा, गंगा देवी आदि प्रख्यात हैं। जिन्होंने मुक्तक एवं प्रबन्धकाव्यों की रचना की है। इन लेखिकाओं में विज्जका का स्थान महत्त्वपूर्ण है। विज्जका की रचनाओं के मुख्य विषय हैं राजस्तुति, कवि प्रशंसा, ऋतु वर्णन आदि। कवि राजशेखर की पत्नी आचार्या अवन्ति सुन्दरी कवयित्री होने के साथ–साथ नाटक निदेशिका के रूप में स्वयं अपने पति के द्वारा अत्यन्त आदरपूर्वक उद्धृत की जाती है।[5] मध्यकालीन संस्कृत साहित्य के अवलोकन से स्पष्ट हो जाता है कि सीमित अवसरों के होते हुए भी मध्यकालीन लेखिकाओं ने अपनी रचनाओं के द्वारा अपने चिन्तन को पाठक वर्ग तक पहुंचाने का भरसक प्रयास किया। यहां यह उल्लेख करना समीचीन होगा कि साहित्य प्रत्येक युग की परिस्थितियों का दर्पण होता है। यह परिस्थितियां जैसा परिवेश पृष्ठभूमि के रूप में लेखक को उपलब्ध कराती है लेखन–कला उसी प्रवाह में प्रवाहित होती है। मध्यकाल के समाप्त होते–होते तथा अंग्रेजों के आगमन से पूर्व तक भारतीय सामाजिक, धार्मिक परिस्थितियां नारी के चिन्तन एवं विकास मार्ग के लिए पूर्णतया प्रतिकूल बन चुकी थी किन्तु प्रकृति का यह शाश्वत नियम है कि परिवर्तन का दौर जब अपने चरम बिन्दु तक पहुंच जाता है तो चक्रीय गति से पुनः अपनी दिशा को पुनः विकास के लिए ढूंढने लगता है। नारी की स्थिति के साथ भी कुछ ऐसा ही घटित हुआ।जब समाज में दमन और शोषण का चक्र स्त्री की स्थिति का पर्याय बन गया तो उस युग में अनेक उदारवादी राजनीतिज्ञों,चिन्तकों,

समाज सुधारकों का हृदय नारी की दयनीय स्थिति से उद्वेलित हो उठा और स्वतन्त्रता पूर्व भारत में पुनर्जागरण एवं समाज सुधार की एक लहर समाज में फैलती दृष्टिगोचर हुई जिसने बाद में आन्दोलनों का रूप धारण कर लिया।

इसी पुनर्जागरण के काल में भारत के स्वतन्त्रता आन्दोलन का बीजारोपण हुआ जिसमें गांधी जी ने स्त्री–शक्ति का आह्वान कर इसे जन आन्दोलन का रूप देने का प्रयास किया और इसी समय नारी–लेखन, नारी–चिन्तन ने भी अनुकूल वातावरण प्राप्त किया। स्वतन्त्रता पूर्व के वर्षो में संस्कृत साहित्य को अपने व्यक्तित्व एवं कृतित्व से समृद्ध बनाने में पण्डिता क्षमाराव का नाम विशेष रूप से उल्लेखनीय है। गांधी जी ने इनकी प्रतिभा का मूल्यांकन कर इन्हें साक्षरता के प्रसार का दायित्व सौंपा। गांधी जी के स्वाधीनता संग्राम से प्रभावित होकर, देश भक्ति को आधार बनाकर उन्होंने 'सत्याग्रहगीता' नामक काव्य की रचना की जिसमें स्वाधीनता का वरण करने की भरपूर प्रेरणा दी गयी है। राष्ट्रीय एकता के साथ–साथ अछूतोद्धार सम्बन्धी उपदेश भी यहां उपलब्ध है। मानवीय संवेदना एवं काव्य प्रतिभा का अभूतपूर्व संगम पण्डिता क्षमाराव की रचनायें भारतीयों के चरित्र–उत्थान का प्रेरणा स्रोत मानी जा सकती है। जिनकी विविध विधाओं में प्रणीत नारी की सोयी हुई जड़ता को जगाने का कार्य लेखिका की सजग लेखनी द्वारा 'कथामुक्तावली' की कथाओं के माध्यम से किया गया है। स्वतन्त्रता पूर्व की लेखिकाओं की परम्परा में मनोरमा तम्बुराटी, त्रिवेणी, सुन्दवल्ली, श्री देवी कुट्टितम्बुराटी का नाम भी बड़े आदर के साथ लिया जाता है। जिनकी विविध विधाओं में प्रणीत रचनायें उनकी प्रतिभा का परिचय देती है।

संस्कृत साहित्य में नारी लेखन केवल पौराणिक भक्तिपरक या चरितगान तक ही सीमित नहीं रहा अपितु लेखिकाओं की अन्तर्दृष्टि समाज में व्याप्त समस्याओं के विभिन्न पहलुओं का स्पर्श करने को आतुर रही है। पर्यावरण प्रदूषण, जो आज की ज्वलन्त समस्या है

उसको ध्यान में रखकर डा0 कमला पाण्डेय ने 'रक्षत गंगाम्' नामक महाकाव्य रचा है। इस रचना का उद्देश्य गंगा की पौराणिक एवं आधुनिक उत्पत्ति पर प्रकाश डालने के साथ–साथ उसके यात्रा मार्ग का वर्णन तो है ही इसके अतिरिक्त प्रदूषण से गंगा की रक्षा का निवेदन तथा जनता में पर्यावरण के प्रति चेतना जगाने का भी लक्ष्य रहा है।'विमलवारिमयी क्रियतां पुनः' जैसी पंक्तियों से कवयित्री का संदेश निश्चय ही जन–जन को स्वीकार्य होना चाहिये। आधुनिक संस्कृत लेखिकाओं की रचनाओं में कहीं भक्ति है तो कहीं पाण्डित्य है, कहीं नायिका का नायक के प्रति गहन आकर्षण है तो कहीं विरह वेदना है, कहीं मातृ भूमि की वन्दना है तो कहीं ऋतु वर्णन की छटा दिखायी देती है। संस्कृत की श्रेष्ठ कवयित्री डा0 नलिनी शुक्ला का काव्य संग्रह 'भावान्जलि' में भक्ति भावपूर्ण रचनायें हैं। समसामयिक समस्याओं को लेकर इन्होंने कहानियां भी लिखी है। आधुनिक युग की सामाजिक, मनोवैज्ञानिक पृष्ठभूमि में रची गयी ये कथायें आज की समस्याओं से संघर्ष करते करते विविध पात्रों की कथायें हैं।

डॉ0 वनमालाभवालकर 'महाभारत में नारी' नामक सुप्रसिद्ध ग्रन्थ की लेखिका होने के साथ संगीतिकाओं के प्रणयन में निपुण है। निपुण है। आपकी दो रचनायें नाट्य प्रस्तुति की दृष्टि से महत्वपूर्ण है– रामवनगमनम् तथा पार्वती परमेश्वरीयम्। संस्कृत की श्रेष्ठ कवयित्री डा0 नलिनी शुक्ला का काव्य संग्रह 'भावान्जलि' में भक्ति भावपूर्ण रचनायें हैं। समासामयिक समस्याओं को लेकर इन्होंने कहानियां भी लिखी है। आधुनिक युग की सामाजिक, मनोवैज्ञानिक पृष्ठ भूमि में रची गयी ये कथायें आज की समस्याओं से संघर्ष करते करते विविध पात्रों की कथायें हैं।

डॉ0 वनमालाभवालकर 'महाभारत में नारी' नामक सुप्रसिद्ध ग्रन्थ की लेखिका होने के साथ संगीतिकाओं के प्रणयन में निपुण है। निपुण है। आपकी दो रचनायें नाट्य प्रस्तुति की दृष्टि से महत्वपूर्ण है– रामवनगमनम् तथा पार्वती परमेश्वरीयम्। 'अग्निशिखा' की लेखिका

डा0 पुष्पा दीक्षित की कविताओं में आधुनिक समाज और राष्ट्र की प्रवृत्तियों का आलोचनात्मक और व्यंग्यात्मक स्वरूप चित्रित है। आधुनिक संस्कृत कवयित्रियों की परम्परा में प्रो0 प्रेमलता शर्मा, श्रीमती कमला चुनेकर, विमला देवधर, डा0 शशी तिवारी उल्लेखनीय है। विमला देवधर की रचनाओं में आकाश छूती मंहगाई तथा रोटी कपड़ा मकान जैसी मूल आवश्यकताओं से जुडी समस्याओं के साथ–साथ संवेदना शून्य होते जा रहे मानव समाज का सहज चित्रण उपलब्ध है। 'कथं वर्तताम्' शीर्षक से जुड़ी रचना में श्रीमती कमला चुनेकर ने धूर्तो से छली जाती नारी की वेदना को दिखाया है।

रामायण के विश्वव्यापी प्रभाव को दिखलाने का सफल प्रयास श्रीमती कमलारत्नम् ने 'अखिलं विश्वं रामायणम्' नामक लधु नाट्य कृति में किया है। भारत वर्ष में व्याप्त अशान्ति, दिशाहीन राजनीति, विरोधाभास युक्त वर्तमान परिस्थितियों से व्यथित कवयित्री डा0 शशि तिवारी की पीड़ा उनकी रचनाओं में भली भांति द्रष्टव्य है। संस्कृत साहित्य के भंडार को अपनी रचनाओं के माध्यम से समृद्ध करने वाली महिला लेखिकाओं के संक्षिप्त विवरण से यह बात सामने आती है कि जहां वैदिक युग में प्रदत्त सम्मानित स्थान का लाभ उठाते हुए वेदकालीन नारियों ने ऋषि परम्परा को समृद्ध बनाया है तो आज की स्वतन्त्र भारत में रहने वाली नारी, जिसे संविधान ने आज जीवन के हर क्षेत्र में अनेक संवैधानिक एवं नागरिक अधिकारों से सम्पन्न किया है।

उस स्वतन्त्र परिवेश को पुनः प्राप्त कर अपने अन्दर सुषुप्त प्रतिभा को भरपूर उत्साह से खोजने का प्रयास कर रही है। स्वतन्त्र भारत की यह जागरूक महिला शिक्षा, कला, ज्ञान–विज्ञान एवं राजनीति के कर्मक्षेत्र में नित नूतन आयाम अपना कर द्रुत गति से विविध क्षेत्रों में अपनी प्रभावपूर्ण उपस्थिति दर्ज करा रही है। विकास मार्ग का कोई भी क्षेत्र आज की शिक्षित प्रबुद्ध नारी के लिए अगम्य नहीं है। चाहे वह समाज की भूमि पर हो अथवा व्योम में ही क्यों न हो नारी अदम्य

साहस से इन सभी क्षेत्रों में स्वयं को योग्यतम सिद्ध करने में समर्थ हैं। वह समाज के विकास एवं उत्थान में पुरूष के बराबर योगदान देने की इच्छा रखती है। आज की नारी की यह अदम्य शाश्वत अभिलाषा वैदिक युग से लेकर आधुनिक स्त्री लेखिकाओं द्वारा रचित संस्कृत साहित्य की विविध विधाओं में स्थान–स्थान पर प्रतिबिम्बित होती दिखाई देती है। यहां यह उक्ति सत्य प्रतीत होती है:–

शक्यो वारयितुं चापि कथञ्चिद् बडवानलः।
न तु मोहयितुं शक्यः सकृज्जागरितो जनः।।

संदर्भ

1. ऋग्वेद–5.28.3।
2. ऋग्वेद–10.85.26।
3. साम्राज्ञी श्वसुरे भव.........वही, 10.85.46।
4. दृष्टव्य–संस्कृत साहित्य का इतिहास बलदेव उपाध्याय (काव्य खण्ड)।
5. कर्पूर मंजरी, 1/11 राजशेखर।

6

ENVISAGING WOMAN'S A-HISTORICITY : A SPECULATION

Shivani Sharma

The moment we speak and try to translate certain issues and concerns of our present day in a simplistic way we usually find ourselves much bewildered and unable to explain them to ourselves at the very first level. It becomes rather difficult to believe if such issues are really and truly problematic, if such concerns can have some philosophical dimension at all or not, if there is a way to find some justifying grounds on the basis of which one can convince oneself and others too that it is not only a problem rather is a problem with a solution. But problems with solutions can really be called as problem? Many more of such kinds of queries and inquisitive insights forms the basis and foundation of this present attempt. I find myself as the last authority to speak on such issues as I find myself in tune with the conventional and traditional way of thinking so far it goes about the concept of women and its place in Indian society.

It would be of at least some importance primarily to understand the notion of society. For the word society in

Sanskrit language we have the word 'Samaja' meaning thereby a group of similar people. Another relevant word for the present context is 'Samaja' meaning thereby a group of animals. The difference of meaning between the two words though correctly strikes the right note yet we avoid playing it i.e. if all are equal participants of the human society question of being human and becoming human seems more relevant than becoming man or a woman. Secondly, when we talk about a society it is to be understood with utmost care as we are talking about the ideal society that should be there or the present one in which we exist. Similarly, we must restrict ourselves in defining the concepts in their particular dimension i.e. the utopian view of the problem or the practical view that can help us to solve the issue and lead us to some particular path.I hope that some of the upcoming papers would focus upon the second kind of finding a solution ,that is, a more practical solution and I thereby as a student of philosophy, wish to explore the position and role of women from an oriental perspective.

One of the best ways to understand the spirit of a civilization and to appreciate its excellence and to realize its limitations, is to trace the historical account of the role and position of woman in it. Civilisation, to a great extent manifests the core of human nature in the form of moral codes, legal standards, the marriage customs, religious rites existed at a particular time. And if the above said manifestations are viewed in relation to woman as to how women in ancient times were supposed to follow the ethical life, what were the rules for her to pursue a happy married life, what were her rights in parental property, her right to be educated, her voice in the settlement of her own marriage, her professional interest, the degree of freedom with which she could take part in public life and its administration etc. - enables us to visualize the sociological condition of the women in our historical times.

The 'woman question' is, therefore, of vital importance to anyone who is interested in understanding the origins of Indian civilization. Manu-smriti is the most authoritative text that depicts the state and condition of women in our ancient society. Another perspective allows us to view this 'woman question' from a Vedic perspective which seems more relevant to the present context. In any case, woman still remains a historical being. There is no denial that woman primarily is as historical as man. Though the biological difference is the natural most argument or reason with which one can justify that women is unlike men yet at the same time this difference is the foundation of being a woman. The aim of this paper would be to establish that woman in her historicity is what she tries to be or what she appears to be whereas at a A-historical level she transcends all the limitations and realizes her real and true self.

Manu fully realizes the great importance of woman as a component part of man, the two together making a complete whole. He is wide awake the qualities of woman's head and heart but at the same time recognizes her inherent weakness. He grants love and affection that is necessary for her . Independence in everything is harmful [2]. He assigns to her only such duties as are compatible with her nature and capacity and checks her from those actions that are not in keeping with her natural endowment. Recognizing the structural difference between man and woman we also find Dr.Radhakrishnan saying that "women cannot do something which men can. Their physiology prevents this. That, however, does not prove any inferiority on their part. We must do the things for which we are made and do them well"[3].

"A daughter is equal to son [4],a daughter is an object of highest tenderness[5], no wordy warfare with her [6], keep her well dressed and ornamented [7], not to marry the younger daughter first if the elder daughter is unmarried [8], Kanyaka pujan before Brahmana pujan [9], a man who receives bride-price for his daughter is equivalent to a dead man [10], the father being the guardian of the daughter till she is married [11]", and many more references prone to positive and negative interpretations can be drawn from Manusmriti. But the question arises, do such references make any difference? Do we really understand the meaning and importance of them? Isn't it that at one level of life the pain and suffering affects equally the man and the woman? Is there no stage in one's life time whereby the demarcation ceases to exist?

To be precise, all cultures and civilization express that a dutiful life is better than an undutiful. In other words, an ethical life is a better proposition than an unethical one. But what next, when morality is well-understood and well-followed. What kind of a state and stage one encounters and such a situation certainly knows no gender-boundaries. Certainly, if it is not religion then probably it is somewhere close to it and we may call it spirituality whereby man/woman tries to find solution of this very suffering. It is true that all our practical behaviour has to be guided by some practical solution but soon one realizes the limitations of this practicality and this practical world. It is here one tries to find solace in the historical account of the society and therefore revisiting history, revoking the references from the tradition has an important role to play in our present circumstances.

Before we move on to the philosophical aspect of the 'woman question' let me briefly, apart from Manu's account of woman, summarise the position of woman in Indian ethos. The term ethos is a constituent of number of factors that exist within a particular society. The ethos of India can be said to be constituted by the elements of Yajna, the theory of Karma, the principle of Dharma, the unity cf Brahman-Atman relationship and above all the role of Maya in creating this universe of real and unreal. It would not be an exaggeration if this principle of Maya be interpreted as a feminine entity or as a principle of energy working at realm of cosmos. This ethos is well explained and elaborated in the Vedic literature and serves the scholastic interests of our present day researchers.

Undoubtedly, Indian ethos has its roots in the Vedic period expanding itself to the medivial times and further stretching itself to the freedom movement [12]. Women's role during these eras is not only thought provoking but also an eye opener for those who undermine the abilities of women. Evidences are found showing that a girl child was not as welcome as the son. The Atharvaveda contains charms and rituals to ensure the birth of a son in preference to that of a daughter [13]. But at the same time we also find Brhadaranyaka Upanisad recommending a certain ritual to a householder for ensuring the birth of a scholarly daughter [14]. It is true that this ritual did not become popular as Pumsavan, prescribed for procuring the birth of a son; but it clearly shows that cultured parents were as anxious as they were for sons. It must be added here that the feeling of dejection and dissatisfaction at the birth of a daughter was a fleeting one and did not lead to female infanticide in Vedic literature. The custom of infanticide of girls crept into some sections of Hindu society during the medieval period. By this time daughter was regarded as the root of misery and trouble.

Regarding education of women Atharvaveda observes that a maiden can succeed in her marriage only if she has been properly trained during the period of studentship "Brahmacaryena kanyanam yuvavibdate patim[15]". Lopamudra, Visvara, Sikta Nivavare, Ghosha and others are said to be the authors of the Rigveda.[16]. Women student were divided into Brahmavadins and Sadyovahas. The former were lifelong students of theology and philosophy whereas the latter used to pursue their studies till they were married. Ample evidences are found women offering regularly their Vedic prayers[17]. Down to the fourth century B.C. Vedic and philosophical studies attracted the main attention of the society. The admission of women to the Buddhist order gave a great impetus to the cause of female education.

Regarding marriage one can say that it was not only well established in the Vedic age but was considered as a socio-religious duty and necessity. A Vedic passage declares that an unmarried person is incomplete or unholy [18]. Marriage opened a new period of holy life which was to led at the altar of truth and duty [19]. In the age of Upanisads number of youth began to enter monastry without caring about marriage and some maidens like Sulbha followed their example to achieve spiritual salvation [20]. Among eight forms of marriage Brahma form is held to be a better one as the father carefully selects the son-in-law and offers him his daughter with proper religious rites. The phrase of the bride being an object of gift 'Daana' had very holy association in Hindu mind.

Regarding the tradition of Sati one finds Atharvaveda offering prayer to such widow those who wanted to lie by the side of her husband's corpse on the funeral pyre, to come down and lead a prosperous life enjoying the bliss of children and wealth [21]."The Brahmana literature (1500 B.C to 700 B.C) is also found to be silent about it.The Grihyasutra(600 B.C to 300.B.C) describe neumorous rituals but the custom of Sati does not figure among them.The authors of Dharmasutras (400 B.C to 100 A.D) and the authors of Smritis like Manu and Yajnavalkya laid down about the duties of women but nowhere they commend burning of women alive with her husband .It is at the time of Mahabharata we find Madri is determined to die with her husband.

It is a prevelant notion that so far the tradition of Purda is concerned its advent is usually recognized with Mohammadens. The earliest evidence, says A.S Altekar is to be found in the present version of the epics (100 B.C)[22]. Purda in some form was prevalent in certain royal families. At the time when Sita set out with Rama for the forest through the public thoroughfares of Ayodhya, a regret is expressed in the Ramayana that a lady who had so far not been seen even by the spirits of the sky, should now become the object of public gaze[23]. Whereas references are found in Nirukta(500 B.C) ladies going out to the court of law to establish their claims of inheritance(III,5). A step little backwards to the prayer of Vedic age reveals that a bride at the end of marriage ceremony is to shown to the assembled guests[24]. It is further wished that she should be able to speak with composure in a public gathering[25]. Women related issues exist in abundance and therefore I restrict myself to the philosophical understanding of the feminine reality.

In Samkhya philosophy we find two dominant principles working at two different planes. One is the Purusa and one is the Prakriti. The Purusa stands for the pure consciousness, as knower as a subject whereas Prakriti is said to be the creator or the cause of the universe or as one who gives birth to the objects of this universe. Since Prakriti is constituted of the three gunas i.e. sattva, rajas, tamas, it has the capacity to produce things of its own kind and thus does not create Purusa. Though one can interpret this Purusa as the male principle and Prakriti as the female yet it is not so. Similarly,in Saiva philosophy the feminine principle is the Vimarsa -Shakti. In Shakta philosophy we find the principle of feminine energy manifesting itself in the form of Kaali, Durgaa and Lalitaa. The only A-historical approach towards woman I can envisage is the Mahavakya of Upanisad i.e. 'Tat Tvamasi' or "You are That" and I believe that no one can prove it not to be so.

To sum up when man and woman are viewed as competitors, a holistic approach is lost in understanding the two mutually dependent and equally real entities.

Although our recent times demand women to be less than what she is and more than what she is not. She is represented by the matraa 'I' in the word Shiva. Take out this matraa from Shiva and Shiva becomes Shava. Thus, woman has to be 'Ida' at times and 'Shraddha' also. As 'Ida', she has to rationalize, discursively categorise right from wrong. Finally, one can only say that she has to be Shraddha of Kamayani who is able to successfully merge the 'Icchaloka' into 'Karmaloka and Jnanaloka'. I firmly believe that raising voices in parliament for women and their rights represents only her apparent self and her real self remains all the time hidden and unmanifested.

I have revised my lesson by revisiting to the culture I belong that enables me to feel strengthened, encouraged and living. To end I quote from Jayashankar Prasad :

हे सर्वमंगले तुम महती
सबका दुःख अपने पर सहती
तुम क्षमा निलय में ही रहती।

REFERENCES

1. Etavaneva purusau ca jjayatma prajete, viprah prahustatha cetadyo bharta sa smratagata. Manu smriti, 9.45.
2. *Ibid*, 3.55-59.
3. *Ibid*, 5.147-149.
3. Great women of India, Introduction, p. XV.
4. Putrena duhita sama, Manu smriti, 9.130.
5. Duhita kripanam param. Ibid, 4.185.
6. Duhitra... vivadam na sanacareta. *Ibid*, 4.180.
7. *Ibid*, 3.55, 59.
8. *Ibid*, 3.160.
9. *Ibid*, 3.114.
10. *Ibid*, 9.97.

11. Indian Women Freedom Fighters 1857-1947. Dr.Usha Bala
12. III. 23; VI. 2.
13. Atha ya icched duhita me pandita jayet, tilaudanau pacayitva asniyatamiti. 4.4.18.
14. 9.5.18.
15. 1.179,V. 28,VIII. 91, IX. 81.11-20 and 40 respectively.
16. Sandhakarlamanah syama dhruvamesyati janaki, nadi cemam. Ramayana, V. 15, 48.
17. Subhajala sandhyartham varavarnini.
18. Ayajniyo va esa yopatnika. Taittiriya Brahmana , II.2, 2, 6.
19. Rtasya yonau sukratasya loka Rigveda, X. 85, 24.
20. Saham tasminakule jata bhartryasatimdvidhe, Vinita moksadharmescaramyeka munvitam. Mahabharat XII. 325, 103.
21. Iyam nari patilokam vrnam nipadyate upa tva martya pretam, dharmampurananamanupalayanti tasya prajam dravinam caha dhatta: XVIII. 2. 1.
22. The Position of Women in Hindu Civilisation; Motilal Banarsidas, 1959, p. 167.
23. Ya na sakya pura drstum bhutairakasagairapi tamadya sitam pasyanti rajamargagatah. (2.33.8).
24. Sumangalitiyamvadhurmam sameta pasyat saybhagyamasyai datvayathastam vi partana; Rgveda, 10.85,33.
25. Vasini taum vidathamavadasi. *Ibid*, 10.85,26.

7

SHED THY SHACKLES, SITA

Pratibha J.S. Sharma

The image of Sita as we all are familiar with from Ramayana and more so through the serialisation of the great epic by Ramananda Sagar, which has left an indelible imprint on the minds of the Indian population that sat glued to the TV every Sunday morning, conforms largely to the image we, generation after generation, have grown up on. Sita is upheld as the model of outstanding womanhood, exemplifying beauty, patience, loyalty, kindness, and mercy. The epic portrays her as an all-forgiving, never- demanding woman with endless capacity of endurance. The following verse attributed to her puts her into a realm of almost the unrealistic, and I quote:

A superior being does not render evil for evil;
this is a maxim one should observe;
the ornament of a virtuous person is their conduct.
One should never harm the wicked or the good
or even criminals meriting death.
A noble soul will ever exercise compassion
even towards those who enjoy injuring others
or those of cruel deeds

when they are actually committing them;
who is without fault?

Sita, who was mysteriously born in the furrow of a field, which is what her name means, was to be given in marriage to the one who could bend a certain bow. When Rama bent the bow, it broke in two; so Rama and Sita were married. Rama proves his valor and skill by stringing another bow and defeating Parasurama in combat. Of course in exercising her choice of a groom where the most robust and strong Lord Rama succeeds in bending the mighty Dhanush at the Svayambra we do see a reflection of her self-interest and perhaps a glimpse of her inner conscience and mind which does indeed reflect that she too has personal concerns at heart. This is probably the single time that Sita's self interest manifests itself along the expected lines from a mortal. She has expectations as a woman and a vision of a life with a partner who is strong, reliable and capable of understanding her love.

Strangely, after marrying Lord Rama, she loses the grip on her own life. Sita's destiny is determined by all other circumstances and characters of the epic, except perhaps her own self. She unquestioningly accompanies her husband and her brother- in- law Laxmana to fourteen years of exile, just because her stepmother- in- law Kakayei so desires! So deep and selfless is her love for Rama that her own being, so to say, ceases to exist. Her fate, her destiny and her existence are centered around that of her spouse. In marriage she is totally 'tamed', to quote J. W. Goethe, by the 'no strings attached' love. In exile, Sita's fate turns hostile. Rama fails to protect her. Ravana abducts her for no fault of hers, except that she is very beautiful and Ravana want to have her. She protests, maintains her chastity, does not succumb. The male ego that of a mortal man overcomes Rama.

His divinity surfaces many a time, but not when it could have stood Sita in good stead. Doubts about her unsullied character become the breaking point in her relations to Rama. The wayside *Dhobi's* remarks, again a male mind at work, are enough to seal her fate. She is put through the humiliating "Agni Pariksha" (Test by fire), which eventually becomes the turning point in her relationship to her spouse. Though the flames spare her, she chooses to return to the mother earth when a fissure opens up to accept her in its womb. Sita leaves Rama to live with his guilt. Sita plays along the expected lines of a male dominated society and shows her utter despair only when it proves to be the proverbial last straw on the camel's back.

The question staring us in the face now is: Did anybody bother to see the turn of events in the life of Sita from her perspective? Were her sufferings and plight understood either by her spouse Rama or Laxmana? Did they, in any way, feel responsible for what she was being subjected to in their company? The answer is "NO". As women through history have learnt, patriarchal society seldom cares to know what she is going through. Sita was doing her duty and playing the role of a perfect wife by the side of her husband, totally ungrudgingly and selflessly. Her pain, torture agony and despair do not move the male heart. Laxmana, despite his devotion, in fact, ditches her and dumps her deceitfully in the jungle at the behest of his brother Rama, and that too when she is highly pregnant! In spite of the treatment meted out to her, through her procreation she gifts her husband with two sons, Lava and Kusha. Selfishly he accepts them but declines to have anything to do with her, the mother of his sons!

Sita only gives and gives: The stereotype of a woman which society has always been pampered with and has always expected. Her plight does not stir the social conscience–men, and sadly also women, are mute spectators!Should Sita not have asserted herself? Should she not have defended herself, rather than have just suffered? No, the epic writer wanted to epitomize her as the 'good' and 'noble' woman. Shurpanakha, in contrast, is the 'evil', the 'bad' woman. Often considered to be the alter ego of Sita, she knows what she wants. To fulfill the wishes of her heart, she lets all hell loose. The demoness turns herself into a beautiful damsel to lure Rama, little caring that he is a married man. She asserts herself without any compromise, knows what she wants and follows the dictates of her heart, throwing all social norms to the winds. But the epic writer through her character depicts the 'bad' and 'evil' woman. The other male 'hero', Laxmana, chops off her nose. The message conveyed is loud and clear – a bad woman is to be finished and crushed, with no future left for her. Her brother Ravana, another 'bad' and 'evil' character, takes revenge for his sister's humiliation, thereby adding another dimension to the conflict between him and Rama. Shurpanakha has been condemned ever since. How dare she have asserted herself by expressing her wishes and her desires?

The Indian womanhood, consciously or otherwise, has carried impressions the epic writers wanted it to. Perhaps the intentions to ensure social stability by crushing the woman in every female have been decisive factors. The patriarchal society's instrument laid no, or very negligible, pressure on the male conscience.Till date the male mind takes a woman for granted and her individuality has little value. What is worse is that the female psyche has been incapacitated to think of herself as an independent identity. The stereotype image with all its negativity has shackled her for hundreds of years. She seldom realizes that she is oppressed and tolerates everything in the name of adjustment. She takes upon herself the onus of providing social stability. Aptheker (Woman's Legacy: Essays on Race, Sex, and Class in American History) avers, "Women have a consciousness of social reality that is distinct from that put forth by men." A "woman-centered" way of thinking needs to emerge. From the beginning of her work, she focuses on changing the way we think and see ourselves as women, all too often we have become so engrossed by the stereotypes of being a woman that instead of dispelling them, we only reinforce their negativity. Her book is remarkably balanced and covers all aspects and roles of women's lives - sex, race, images, status, the mother, activist and artist. It could be recommended to those who want to change the way they interact with not only others but themselves. The struggle of the early feminist movement for legal and political equality and the assumptions it has bequeathed to women now, despite the degeneration of its radical impulse, have strained the hold of patriarchy, though without dislodging it. The power of the working class within capitalism and the growth of new kinds of political movements recently have touched the consciousness of women and compelled many of us to question the domination of men over women. This has taken a political shape, in the new feminism of women's liberation. The development of contraceptive technology means that ideas of sexual liberation can begin to be realized.

The fact that sexual pleasure now need not necessarily result in procreation means a new dimension of liberation in the relation of men and women is possible. It also removes some of patriarchy's most important sanctions against rebellion. The right to determine our own sexuality, to control when or if we want to give birth, and to choose who and how we want to love are central in both women's liberation. The woman's wage packet also gives her some independence. Ideologically, all these are most subversive to patriarchy.

Consciousness raising (often abbreviated **c.r.**) has in the last four decades been an area of major concern among feminists in USA. It often takes the form of a group of people attempting to focus the attention of a wider group of people on some cause or condition. It is the first half of the adage "Admitting the problem is half the battle." Women often argued that they were isolated from each other, and that as a result many problems in women's lives were misunderstood as "personal," or as the results of conflicts between the personalities of individual men and women, rather than systematic forms of oppression. Consciousness raising groups aimed to get a better understanding of women's oppression by bringing women together to discuss and analyze their lives, without interference from the presence of men.

From the beginning of consciousness-raising ... there has been no one method of raising consciousness. What really counts in consciousness-raising are not methods, but results. The only 'methods' of consciousness raising are essentially principles. They are the basic radical political principles of going to the original sources, both historic and personal, going to people—women themselves, and going to experience for theory and strategy" (*Feminist Revolution*, 147–148). However, most conversation groups did follow a similar pattern for meeting and discussion. Meetings would usually be held about once a week, with a small group of women, often in the living room of one of the members. Personal experience was used as a basis for further discussion and analysis based on the first-hand knowledge was shared. This process allowed women to analyze the conditions of their own lives, and to discover ways in which what had seemed like isolated, individual problems (such as needing an abortion, surviving rape, conflicts between husbands and wives over housework, etc.) actually reflected common conditions faced by all women.

In India too women need to find a forum like conversation groups or self-help groups where their problems and concerns can be discussed and solutions arrived at. The Imranas and Gudiyas who hit the headlines most recently should know that they need not suffer alone in silence and, above all, their problems are not peculiar to them only. There are numerous others suffering similar plights. They should become conscience and aware of their own identity and stand up for what they feel is right. What right does a religious preacher, and for that too a man, have to pass judgements over her life? The time is ripe for Sita to shed her shackles!

8

GENDER EDUCATION AND EDUCATED WOMEN'S CONSCIOUSNESS

Santosh Tikoo

If you are planning for one year, plant rice.

If you are planning for five years, plant trees.

If you are planning for future, educate your children.

(An old proverb)

Education is a unique investment in the present and the future

(National planners)

Education provides ladder of development, dispels darkness and brings light. It is a stepping stone for onward march of culture. It provides basis for human resource development. It is a tool to promote national and international understanding. It is one of the most important development index used as yardstick for measuring growth of the country. It increases people's awareness of opportunities for advancements and imparts the ability to seize them. These days education is as important as breathing. Illiteracy is prison and education frees one from that :

An educated person is one who is aware of her/his rights and responsibilities, who is willing to fight for her/his as well as other's rights. An educated person demands better governance and greater accountability from the politicians and bureaucrats.

Need for Women's Education : Women are dynamic source of power. They comprise the very backbone of a family with multiple role players of a mother , wife , a sister and a host of others . The status of a nation and its overall socio economic condition can very well be assessed by judging and appraising the status of women. Women's education is important due to following reasons :

1. Women's education ensures women's equal participation in every sphere of development.
2. It makes their life happier and healtheir.
3. It creates more choices & opportunities leading to their empowerment.
4. It empowers women with knowledge, skills and self confidence necessary to participate fully in the development process.
5. Their education helps them to remove atrocities, illegal trafficking, social injustice and cruelities against them.
6. Education increases the productivity of women as educated women are more likely to work in wage employment and earn better wages. Their wages benefit their family and community at large.
7. An educated woman is likely to marry at a later stage and have fewer and healthier children. Research has shown that in India the infant mortality rate of babies whose mothers had received primary education was half than that of the children whose mothers were illiterate.

8. Education of women is also a contributory factor towards their increased political participation as they are better informed about their rights.

Present Status of Women's Education : There are about 12 million children in the age group of 6-14 years who are out of school or that only one out of three children ends up completing 10 years of education and two-thirds of these are girl children. Girls' enrolment at primary level, middle level, secondary level and higher education level is 46.8%, 43.9%, 41.3% and 40.1/% respectively . At all levels, it is below 50% Statistics reveal that in 1951 shortly after independence, only 25% of men and 7% percent of women were literate.Now only 53.7% of Indian women are literate as compared to 75.3% men(2001 Census). Among all literate women in India, 59% women only have a primary school education. Still 245 million Indian women cannot read or write comprising the world's largest number of unlettered women, leave alone their entry into institutions of higher education. There are state wise differences in literacy rate of women. Kerala has one highest number of literate women (87.86%) and Mizoram has second highest rate (86.13%). Bihar recorded the lowest number of literate women (33-57%). Other states with large number of population like U.P. And Rajasthan have less than 45% of literate women.

The picture is grim and grueling where the women are poor and destitute. If this is the scenario then :

1. How can women exercise their rights and meet their expectations?
2. How can they have adequate livelihood?
3. How can they empower themselves and have a fair chance in modern?
4. economy?
5. How can they have freedom of choice and speech?

6. How can they have better and appropriate human capital in future generation?
7. How can they have higher potentialities to save and protect their children with special emphasis on girl children who are the usual victims of social evils?
8. How can they have control on environment, on superstitions and their fertility?

Constraints in Women's Education : Women in the socially disadvantaged and weaker sections of the community are debarred from and are devoid of learning due to various reasons :

1. Poverty : The marginal wage earner parents and the poor who do not have enough to manage even their square meals can not send their children. (Especially girl children) to schools. They rather think of opportunity cost of employing their children for earning. Girl child is more susceptible to the victim of illiteracy because when the parents go out for livelihood usually the young female member is to look after the youngest ones and to remain busy in household work till her parents come back from the work place.

2. Wrong Perceptions : Educating girls is not perceived as a social, family and economic need since her role is perceived as being restricted to household activity.

3. Social Evils : There are many deep rooted prejudices and biases against the girl child e.g There are parents who still believe that with higher education of girls, the bride price and expanses on dowry also go up. Such parents fail to take into account that education sometimes lowers the dowry for a girl because the husband's family views education of their bride as an asset.

Many parents think that education provides exposure to the girls which spoils them. If the female is more educated or more exposed, she may question her husband or become a better decision maker. Some parents think that educating girls is a waste of time and money since girls are not expected to undertake jobs.

4. Early Marriage : Many parents want to marry their daughters as early as possible so as to lessen their economic burden. They think that education of daughter is a waste of money because after marriage girl will live with her husband's family and girl's parents will not have any economic benefit from girl's education.

Other Reasons :

1. School too far away and lack of availability of transport.
2. Cost too much and no proper facilities for girls
3. Illness of parents and death in the family.
4. No immediate gain from girl's education
5. Discouraging school environment.
6. Education useless for girls.
7. Education not visualized as a means to attain a progressive mind and creating a capable and confident human being.
8. Avenues for eve- teasing and molestation.
9. Lack of qualified female teachers.
10. Lack of proper hostel facilities.

Educated Women's Consciouness About Certain Facts

With the recent awakening and personal consciousness about the value of getting educated, some of the women are on the move to secure education. It will be better if today's educated women make themselves conscious about the following facts :

1. Even after acquiring higher education and skills women are still slaves .They are still ordered but

now a days with logical and systematic explanation. In previous times ,their education was neglected but now the abilities they have acquired are neglected. Their work is undervalued and unrecognized. Women work longer hours than men and carry the major share of household and community work . There are far fewer women in the paid workforce than there are men.

2. Are they educated in such a way to become self directed, extrovert, creative, rational individuals open to novel and logical ideas capable of becoming a resource than a liability. Do they know that capacity to earn a productive wage leads to their better status?
3. Being educated, are they working as a facilitator to encourage a discussion on women's field level problems, the stereotyped practices that hamper women's access to and equality in education?
4. Do they make the other women to understand that they do important work even though they are not paid a wage? Education becomes a prerequisite to fulfill their duties better not only as citizens and workers but also as parents. A more aware and informed individual is more capable of providing direction and guidance to his or her children.
5. Do they know that women are under represented in governance and decision-making posts. At present only less than 10%of parliamentary seats, less than 15% of cabinet seats, less than 4% of seats in high courts and supreme courts and less than 8% of administration and management seats are occupied by women.
6. Being well informed and educated, are you providing information to the poor women about government schemes that promote female education?

7. Being educated, are you in a position to take notice of matters relating to deprivation of women's rights and take up the issues with appropriate authority.
8. Have you ever tried to get a position in an institution where you can forward your suggestions for the welfare of women?
9. Do the women know that for them the past has been a dark gloomy period of ignorance and illiteracy, the present is an era of hope?
10. Do you know that you are proving to be equally good in all walks of life so your contribution and role should not be under estimated?

Steps to be Taken to Promote Women Education

Women's education should be treated as a special problem so the following steps to be taken to promote their literacy :

1. At school level, women centered models should be adopted Increased investments in interventions like bridge courses, a residential camps, drop in centers, summer camps and remedial coaching camps for girls should be supported to allow girls to enter or to re-enter regular schools. The quality relevance of school system should be strengthened especially in light of the growing gap between the government and private educational institutions. Increased opportunities for adolescent girls for further study or vocational training need to be created.
2. Academicians should undertake various research projects/studies for upliftment of women taking into account the academic, economic and social problems of society. They should identify their weakness, strengths and gaps. Conducting researches are important but equally important is an adequate utilization of research results.

3. Women should be given more authentic learning experience by providing industrial linkages (Hospitals, day care centers and manufacturing labs) so that their creative capabilities can be used for human and natural resource development.
4. There is need to respond to new and changing demands of employment. Such colleges should be developed which prepare women for self employment like college of music, college of painting ,college of drama, college of advertisement and films etc. We should devise such strategies and processes through which the role of women should be given due importance. In addition their identity as one half of humanity and the role they play must be recognized. More attention should be given to develop technical knowledge (Solar energy, wind-mill energy and agriculture implements)of rural women This knowledge will generate more employment for rural women.
5. Government of India has also started many programmes (Sarva siksha abhiyan, National programme of nutritional support to primary education, District primary education programme, Mahila samakhya, National programme for education of girls at elementary level) to accelerate women literacy particularly among poor. Unfortunately inspite of all the efforts of government, there much remains to be done to achieve the goals of universal education & actualizing gender parity in schools. It is because the barriers in girl's education outweigh the efforts being made to overcome them. The need of the hour is that people should work hand in hand.
6. The policy of non discrimination should be pursued vigorously to eliminate sex stereotyping in vocational and professional courses. Universities

should take on the role of social agents striving to bring forward the women-who continue to wallow in ignorance and illiteracy.

7. There is a need that we should sensitize people about the benefits of girl's education and try to change the prevailing social stereotypes which are adverse to the development of the women. The goals of universalizing the girl's education can be achieved by combination of policy alternatives and interventions at the family community and national level. Along with the central, state government, NGOs, social workers, educational institutions and educated women themselves should come forward for promoting women education. Education as an instrument of human development must not discriminate between the men and women, it seeks to develop. No society can progress if half of its members are uneducated especially that half upon whom rests the responsibility of upbringing the future generation.

REFERENCES

1. Kumar A. (2005) : Educational Status Of Girl Child- *A Situational Analysis In Rural India*. Kurukeshtra pp. 13–17.
2. Radha R.A. (2006) : *Health Status of Working Women Yojna*, March, pp. 75–77.
3. Sarkar C.R. (2005) Women Literacy In India. University News 43 (29), July 18-24, pp. 7–9.
4. Singh K. (2003) : Education For Youth in Global Society Yojna, Sept. pp. 7–10.

9
PHILOSOPHY, POLITICS AND FEMINIST MOVEMENTS AND CAMPAIGNS

Bharti Thakur

The world we live in has continued to be dominated and governed by men from time immemorial. Dictums like 'Frailty, thy name is woman' are indicative of a biased view of men towards women over the ages. The place earmarked for women in the society has often been within the four-walls of the house. Man kept all her actions and behaviour under constant scrutiny and surveillance and even the slightest lapse and failing on her part in the performance of the type cast role could attract censure and condemnation. Thus, women had to contend with injustice, discrimination and exploitation at the hands of man for centuries. It is not an exaggeration to say that the history of civilization so far has been the story of man's ungratefulness to the one to whom he owes his very existence.

In India, women had a comparatively better position in the Vedic times, when they enjoyed parity and freedom with men in all matters. This freedom was curtailed in the succeeding Brahminical era. Again, the reformation produced by the teaching of the Buddha set men and women on a new path of freedom and women took their place in the religious, social, educational and administrative spheres of the national life as free individuals and citizens. Alas, that tide of good life also ebbed, and with the invasions of foreigners, and the internal wars of neightbouring rulers, freedom again decayed, and as always in times of militarism, women suffered the greatest defeat, and become the most suppressed section of an exhausted cowed, subservient people.

Many enlightened and educated men and women of the 19th and 20th century from Raja Rammohan Roy to Ramabai Ranade espoused the cause of women's emancipation. However, the contribution of Gandhi in this sphere is remarkable. He gave a new dignity to women by linking women's issue with freedom struggle and involving them in a manner not known before. Consequently, women came out in thousands from their secluded shells to contribute in the nationalist movement. They participated in the satyagraha campaigns, hoisted national flags, took out prabhat pheries and processions and organized demonstrations, picketed schools, colleges, foreign cloth and liquor shops and also took part in constructive programme. Their participation on the equal terms with men in the country's freedom struggle not only projected a new and revolutionary image of women but also paved the way for their emancipation as well as empowerment.

Interestingly but not surprisingly, after independence also women did not sit quietly at home, but they responded energetically to the new challenges and issues. They came out in large numbers to participate in various non-violent movements and campaigns. Their participation in the '*chipko*' movement against deforestation, Anti Price Rise Movement and Narmada Bachao Andolan and in campaigns and demonstrations pertaining to women's problems like dowry, rape, *sati, female* foeticide etc. has been really noteworthy.

Chipko-an ecological movement to save the forest wealth of rural India from the reckless commercialization is considered as one of the most powerful women's movement in India, after independence, which was started by illiterate and poor rural women, who are generally considered ignorant, weak and therefore incapable of playing any role in public affairs.

It began in March 1973, in Tehri Garghwal, a hilly forest region of India where forest plays a very important role in the daily life of women and imprudent cutting of these forests affected whole of their social life. Thus women questioned the whole process of so called development, which resulted in making the forestland barren. They stopped the men sent by government contractors from commercial cutting of the trees by sticking to them (trees) with their arms spread around the tree's trunk. The movement gradually spread in other states viz. Himachal Pradesh, Jammu and Kashmir, Arunachal Pradesh, Rajasthan, Karnataka, Bihar, Madhya Pradesh and Maharashtra. Women in many areas also forced woodcutters in the guise of forest research scientists to leave the place. The slogan of the *Chipko* women was:

What do the forests bear?
Soil, Water and Pure Air,
Soil, Water and Pure Air
Are the bases of life?[1]

These women also set up *mahila mandals* (women's societies) to organise their actions to preserve their forest wealth from the commercial agents. However, they later on shifted their attention towards their own menfolks, who were allured by the 'profits' of deforestation. Such actions of women brought a qualitative transition among women 'and a new development in the movement as a whole."[2]

This powerful movement of women, which was also known as Appiko Movement at some places, was successful in forcing a fifteen years ban on commercial green felling in the hills of Uttar Pradesh, in stopping clear felling in the western *ghats* and the vindhyas and in generating pressure for a national forest policy which is more sensitive to the people's needs and to the ecological development of the country.

Anti price rise agitation had also involved thousands of women in activism. The conditions of drought and famine, which had affected Shahada, among other areas in Maharashtra, led to a rise in prices, which affected urban areas. In 1973, some women activists of the state formed the United Women's Anti Price Rise Front to mobilise women against inflation.

The movement snowballed rapidly in other areas and became a mass women's movement for consumer protection demanding that the Government should fix both prices and distribution of essential commodities. The demonstrations of around ten to twenty thousand women going to *gherao* M.P.'s and industrialists and offer them bangles as a token of their (the industrialist's) emasculation became usual.[3]

In 1974, the movement emerged as the Nav Nirman movement, which was originally a student's movement against soaring prices, corruption and black-marketeering. In its course the movement also started criticising the Indian state, which they saw as mercenary and undemocratic. Their methods of protest ranged from mass hunger strikes to mock courts passing judgement on corrupt state officials and politicians and mock funerals celebrating the death of those condemned by the courts. Women also 'rang the death knell of the legislative assembly with rolling pins and *thalis*'. It took the police some three months to crush the Nav Nirman movement in 1974 and around ninety to hundred people were killed during the movement.[4]

Women are also actively involved in the Narmada Bachao Aandolan. The construction of a series of dams on the Narmada river is being vigorously opposed by the save Narmada movement, in which a large number of urban and rural women activists, under the leadership of Medha Patekar, are playing central roles. The primary concern of the movement is that large-scale human displacement has already occurred and will occur as a consequence of these constructions. Women's active role in the andolan includes participating in long marches, demonstrating in front of project authorities offices, raising slogans, challenging the police and taunting bureaucrats and politicians and above all offering hunger strike. Because of their activism in the peaceful andolan, they were severely attacked by the police innumerable times. In the course of these encounters between the non-violent women activists and the police, women's clothes were ripped off in public, they were dragged along by their hair, in one incident, a pregnant woman was repeatedly hit on her stomach with a rifle butt, which demonstrates women's indomitable courage and ability to endure personal hardships. But inspite of their vigorous opposition against the country's biggest hydroelectric project, it became operational when Sardar Sarovar Dam reached its designated height of 121.92 meteres recently. However, the Narmada Bachao Andolan, which combines social justice with environmental concerns, is still going on.

Because of the growing influence of feminist ideas, many more women came forward and participated in various feminist campaigns started all over India against their oppression. The earliest campaigns against the gender related issues that were taken up by the autonomous women groups were that of anti dowry and anti rape.

In 1975, the Progressive Organisation of Women (POW) had initiated one of the first protests against dowry in Hyderabad. In Patna and Delhi also a massive campaign against dowry was started with the efforts of *Mahila Sangarsh Vahini* and *Mahila Dekashata Samiti*. Women organised mass demonstrations against the dowry deaths at several places and *Nari Raksha Samiti* of Delhi led one of the biggest demonstrations. These campaigns highlighted the issue of women's death due to dowry, which was earlier considered a private affair of the family, having no concern with the society or State. These campaigns against dowry expressed their rage over the apathetic laws and police behaviour. To create more awareness about the cause, besides organising demonstrations and publicly humiliating the accused families, the women's groups also staged street plays based on the true stories. Due to such attempts, campaign against dowry received the maximum attention from the people as well as the media.

Impressed upon by the agitation against dowry, Government passed the Criminal Law (Second Amendment) Act in December 1983. It introduced section 498A to the Indian Penal Code. Under this section, cruelty to wife was made a cognisable, non-bailable offence, punishable up to three years imprisonment. Secondly section 113A of the Evidence Act was amended so that the court could draw an inference of abetment to suicide. Technically this is called shifting the burden of proof, and thus it lessens the burden upon the complainant. Both these changes in the law relating to dowry deaths were exactly what feminists wanted.

Women also started a campaign against rape, which is one of the ugliest and most brutal expressions of masculine violence towards women. They organised demonstrations, huge rallies and street plays to campaign against this pernicious crime. However, these campaigns organised by different women organisations remained isolated from each other until 1980, when an open letter by four senior lawyers against a judgement in a case of police rape in Maharashtra sparked off a campaign by feminist groups all over the country and made it an extensive and national level campaign. Known as the Mathura Rape Case, in which a seventeen or eighteen years old girl Mathura was taken by local policemen to the police station for questioning and raped there. The judgment on this case acquitted the accused policemen on the defence that the woman involved was of a loose character and thus could not, by definition, be raped. The open letter was in protest against the supreme courts acceptance of this argument.

The Forum against Rape (now called as Forum Against Oppression on Women-FAOW) and other feminist groups all over the country demanded the opening of the trial and changes in the law against rape. But when Supreme Court dismissed their petition on technical grounds, women in New Delhi, Bombay and various other places demonstrated in the streets shouting: 'Supreme Court, Supreme Court against you, where can we report.'

The struggle succeeded in bringing women's issues into the dynamics of mainstream politics of India. A large number of the incidents of rape and protests against women were recorded from all parts of the country. It also pressurised the Government to bring changes in laws relating to women's rape. Thus significant changes were introduced, in the Indian Evidence Act (IEA), The Code of Criminal Procedure (Cr.P.C.) and Indian Penal Code (I.P.C.) in 1983.

The fiery death of eighteen year old Roop Kanwar on the funeral pyre of her deceased husband on September 9, 1987 in the village of Deorala in Rajasthan, its subsequent glorification and the various attempts made by the protagonists of this practice to justify its continuance on religious grounds sparked off another feminist campaign.

Roop Kanwar had only been married a short while before her husband died. Her husband suffered from mental disorder and they had spent only around six months together. When, after his death, it was decided that Roop Kanwar would become *sati* she tried to run away. Before the ceremony also she tried to hide herself in a barn, but was dragged out, given plenty of drugs, dressed in her bridal finery and put on the pyre with logs and coconut heaped upon her. Her brother-in-law, a minor, lighted the pyre.[5] Hundred attended this *sati* style death, but no one prevented her from doing so, instead, they cheered as Roop Kanwar burnt to death.

Immediately after the immolation, the site became a popular pilgrimage spot. A number of congregations, ceremonies and festivals were organised and attempts were also made to collect funds for the construction of a temple at the site where *sati* was committed. Inspite of the various steps taken by the state government of Rajasthan and the order of the High Court of Rajasthan to prohibit any ceremony being conducted, it was feared that a temple would be constructed at the site to perpetuate the memory of the widow who committed *sati*. These had evoked protest throughout the country and demand was made by the women's organisations and from women inside and outside parliament for the enactment of a strong and deterrent central law to provide more effective prevention of this social evil.

Consequently, the Government passed the Commission of Sati (Prevention) Act, 1987 which not only prevented the practice of *sati* but also its glorification. It also made sure that those invoking the women to commit *sati* are punished under the law and the temples in which ceremonies glorifying *sati* take place should be closed down. The law provided punishment even against the woman who volunteered or was supposed to volunteer to commit *sati*.

In eighties women's movement also highlighted the increasing incidents of female foeticide following the use of sex determination. The advancements in medical procedures, which enable sex detection, have led to the practice of sex selection by aborting female foetus. Though India is not the only country where a male child is preferred to a female, it has the dubious distinction of being the only country where medical technology is so blatantly misused through a network of clinics and centers to do away with the unwanted female babies.

Women's organisations such as Saheli (Delhi), Women's Center (Bombay), Sabala (Calcutta) issued statements against the sex determination tests, popularly known as boy-girl tests. Research organisations such as Research Unit on Women Studies, Centre for Women Development and Voluntary Health Organisations also took stand against the tests. None of them blamed the masses for propagation of the tests but they questioned the highly educated, enlightened scientists, technocrats, doctors and, of course, the state who help in propagating such a situation.[6]

Agitations and efforts made by women's organisations, journalists and other active groups led to the passing of a Pre Natal Diagnostics Technique (Regulation and Prevention of Misuse) Act, 1994. Further, on May 31, 2002 an ordinance was passed to introduce certain provisions that were not there in the 1994 Act. The ordinance tightened the norms regulating ultrasonography and armed the medical authorities with more powers to prosecute radiologists violating the Act.

Furthermore in 2005, government passed the Protection of Women from Domestic Violence Act as many women organizations and groups had been highlighting this issue since long.

In addition to it, many women's organisations and groups, journals and magazines came forward to take up several other issues related to women's oppression like wife battering, sexual discrimination of women at work places and immoral traffic of women etc. and now the issue of adequate political representation in the parliament and state legislative assemblies has emerged as the single most important demand of the women's movement of India.

It would not be an exaggeration to say that in many ways, especially in this invocation of women's natural ability to endure suffering these movements and campaigns follow the model for women's participation provided by the nationalist struggle. The ability to suffer, as these non-violent methods (movements) required, came from an inner strength and spiritual discipline which helped women to find a new dignity in public life. Indian women not only proved that they were second to none in proficiency of doing any task earlier meant for men but they also discovered a sense of self within, she seems to have finally come into her own. But she still has miles to go because for a vast mass of women their path continues to be fraught with obstacles. There are thousands of female foetuses hoping for a chance to be born. Girls are still fettered to centuries old gender stereotypes. There has been an alarming increase of dowry deaths, rape, sexual violence, family violence, wife battering and harassment of women etc. Child marriages are still rampant in some segments of society. School dropouts are many among girls and the girl child is given secondary treatment when compared to the boy child. This is the stark reality for millions of women in India.

If we want women to contribute their maximum to the development of the nation and to the reconstruction of the society it becomes imperative that the disequilibrium suffered by them is removed. The need of the hour is to create an environment that ensures dignity to the women, which could help her to overcome feelings of powerlessness, face the challenges of autonomy and enjoy fully her human rights. Moreover, women also have to realize their inner potential and inner strength. In short, emancipation, regeneration and empowerment of women is the need of hour. This alone can guarantee the progress and prosperity of our nation.

REFERENCES

1. O. K. Oza, *Voluntary Action and Gandhian Approach* (New Delhi : National Books Trust), 1991, *p*.31
2. Weber Thomes, *Hugging the Trees: The Story of the Chipko Movement* (New Delhi: Viking Publishing House), 1987, p. 100.
3. Radha Kumar, *The History of Doing* (New Delhi: Kali for Women), 1993, p. 103.
4. Vibhuti Patel, *Reaching for Half the Sky*, Cited in Radha Kumar, *The History of Doing*, *op.cit*., p. 103.
5. Radha Kumar, *The History of Doing*, *op.cit*., pp. 174 -175.
6. Vibhuti Patel, *Sex determination and Sex Preselection*, in Rehana Ghadially (ed.), *Women in Indian Society* (New Delhi : Sage Publications), 1988, p. 184.

10

वर्तमान परिप्रेक्ष्य में वाल्मीकि रामायणयुगीन नारी चेतना

-एक पुनर्मूल्यांकन

उमा जैन

भारतीय संस्कृति एवं दर्शन में स्त्री को सदा ही विशिष्ट स्थान मिला है। हिन्दू–धर्म–कथाओं में अर्द्धनारीश्वर की कल्पना स्त्री की महत्ता तथा प्रधानता की द्योतक है। नर की सृष्टि नारी के सहयोग के बिना अपूर्ण है। अपनी सृजन–प्रतिभा तथा कला से नारी उसे पूर्णता और अमरता प्रदान करती है। कोमल संवेदनशीला नारी सामाजिक व्यवस्था का एक आवश्यक अंग है। सभ्यता एवं संस्कृति के निर्माण में उसने क्रियात्मक योग दिया है। उसके लोरी गाने वाले कोमल स्वर में राष्ट्र नायकों को कर्तव्य निर्देश देने की क्षमता है। नारी के ही पालना झुलाने वाले करों में विश्व पर शासन करने की शक्ति सन्निहित है। उसके जननी रूप के गौरव एवं महत्ता को विश्व के सभी राष्ट्रों ने स्वीकार किया है। नारी को महत्ता प्रदान करते हुए आचार्य मनु का कथन है–

> यत्र नार्यस्तु पूज्यन्ते रमन्ते तत्र देवताः।
> यत्रैतास्तु न पूज्यन्ते सर्वास्तत्राफलाः क्रियाः।।[1]

वस्तुतः देश, राष्ट्र का उत्थान, समाज एवं जाति का उत्कर्ष इसी अर्द्धांग पर निर्भर है। आत्म गौरवपूर्ण माँ ही बालक में कर्तव्य–पालन, आत्म–सम्मान और उत्सर्ग की उदात भावनाओं का उन्मेष कर सकती है। वेद–स्मृति पुराण–इतिहास आदि में सर्वत्र स्त्री समाज, पुरुष समाज के अंग रूप में समादृत है।[2] नारी में कर्मशक्ति ज्ञानशक्ति, शासन शक्ति, संरक्षण शक्ति, उत्पादिनी शक्ति, संघटिनी शक्ति आदि सभी शक्तियाँ पूर्ण रूपेण प्रतिष्ठित है। महाभारत में भीष्मपितामह ने नारी को श्री के निवास स्थान एवं साक्षात् लक्ष्मी के रूप में गौरवान्वित[3] किया है और स्त्री रत्न दुष्कुल से भी ग्रहण कर लेना चाहिए का उपदेश दिया है। नेपोलियन बोनापार्ट ने पुरुष जीवन में नारी–महिमा को मुक्तकण्ठ से स्वीकार करते हुए कहा है– मुझे एक योग्य माता दो, मैं तुम्हें एक योग्य राष्ट्र दूंगा।[5]

नारी चेतना में 'चेतना' शब्द चित् ल्युट्टाप् प्रत्यय से निष्पन्न हुआ है। जिसका अर्थ है सजीवता, चिन्तनशील आत्मा, बुद्धिमत्ता और विचार–विमर्श करने की सामर्थ्य[6] नारी चेतना से अभिप्राय है कि नारी में कर्तव्य–परायणता की भावनापूर्ण निष्ठा, आत्मरक्षा, गौरव और अपने अधिकारों के प्रति जागरूक होना आवश्यक है। दया, धर्म, सदाचार, शील, मान–सम्मान की मूर्ति नारी जहाँ दूसरों को मान–सम्मान देकर गौरव प्रदान करती है वहीं वह अपने स्वाभिमान एवं अधिकारों की रक्षा हेतु बड़े से बड़े खतरों से भी लड़ जाती है। नारी का विविध क्षेत्रों में जागरूक होना नितान्त आवश्यक है शैक्षणिक चेतना– विविध शास्त्रों का पठन–पाठन करना। परिवार और समाज के प्रति अपने दायित्वों का बोध होना। सामाजिक कुरीतियों के विरोध में संघर्षरत हो पुरुष के समान नारी–अधिकारों के प्रति स्वाधिकार प्राप्ति हेतु सचेष्ट रहे। देश की राजनैतिक गतिविधियों में पुरुषवत् सक्रिय रहना। वैचारिक दृष्टि से प्रबुद्ध नारी–विभिन्न समस्याओं के सम्बन्ध में अपने विचारों की अभिव्यक्ति में समर्थ होना।[7] स्त्री–पुरुष सम्बन्धों के प्रति सचेत होना आदि।

प्राचीन समय में उच्चवैदिक शिक्षा प्राप्त घोषालोपामुद्रा[8]–ममतोपाला–सूर्या–इन्द्राणी–सर्पराज्ञी–विश्ववारा काक्षीवती[9] आदि स्त्रियों ने मन्त्रों की रचना की थी तथा यज्ञानुष्ठानों का सम्पादन भी करती थी।[10]

रामायण काल में सीता, तारा, मन्दोदरी एवं कौशल्या अपने समय की उच्च शिक्षा प्राप्त महिषियां थी।[11] सीता को सामान्य पठन–पाठन की शिक्षा के साथ–साथ श्रुतिज्ञान भी प्राप्त था।[12] कैकेयी[13] एवं कौशल्या[14] को अन्य विषयों की शिक्षा के अतिरिक्त सैन्य–शिक्षा भी प्राप्त हुई थी। स्वयंप्रभा एवं वेदवती वेदाध्ययन, तप एवं यज्ञ आदि करने से ब्रह्मवादिनी की श्रेणी में आती है। रामायण काल में द्विज स्त्रियां ही नहीं शूद्रा भी वैदिक शिक्षा ग्रहण करती थी। शबरी[16] वैदिक–कर्मकाण्डों में विश्वास रखने वाली एक धर्मचारिणी भिक्षुणी[17] थी।

कन्या को अपनी पसन्द का वर चुनने का अधिकार था। सीता ने स्वयं वर रूप में राम को चुना था। अधर्मपूर्वक परिणय करने पर वायु जैसे देवता[18] रावण जैसे दिग्विजयी सम्राट[19] और दण्ड जैसे राजा[20] का घृताची–कन्याएँ, वेदवती, सीता एवं अरजा जैसी कन्याएँ सशक्त विरोध करने में पीछे नहीं रही थी। रावण द्वारा अपहरण किये जाने पर सीता अपने शील की रक्षा करते हुए अन्यायी एवं अपवित्र आचरण करने वाले रावण को रत्नों से परिपूर्ण लंकापुरी के शीघ्र नष्ट हो जाने[21] की चेतावनी देती है। यज्ञादि धार्मिक कर्मो में कौशल्या, कैकेयी, सुमित्रा[22] तथा सीतादि[23] अपने पति के साथ मिलकर समस्त याज्ञिक–क्रियाएं सम्पन्न करती थी। श्री राम से विलग अशोक वाटिका में रहते हुए भी वह प्रतिदिन नदी तट पर जाकर सन्ध्या करती थी।[24] रामायण में सम–विषम[25] सुख–दुःख पूर्ण[26] सभी परिस्थितियों में पति का अनुगमन करना पत्नी का मुख्य कर्तव्य था। जिसको पूर्ण करने हेतु सीता ने पति के साथ वन–गमन किया था।[27] सीता नित्य प्रतिदिन कौशल्यादि की चरण–शूश्रुषा करके एक नम्र शिष्ट एवं आज्ञाकारिणी पुत्रवधू का कर्तव्य पूर्ण करती थी।[28]

पुत्र–अधिकार के प्रति सचेत कौशल्या का शोक यह कहकर फूट पड़ा था कि मेरा वीर पुत्र स्वयं अपने ही पिता के हाथों मारा गया।[29] किसी समय तथा किसी विशेष कारण से पति द्वारा अपने अधिकार से वंचित किये जाने पर पत्नी राजर्षियों की सभा बुलाकर अपनी समस्या रखती थी। अपने दो वरों की पूर्ति न होते देखकर कैकेयी ने राजा दशरथ को चेतावनी देते हुए कहा था– धर्मज्ञ! मुझे दिये गये वरदान के विषय में एकत्रित राजर्षियों द्वारा पूछे जाने पर क्या उत्तर दोंगे।[30] अतिथि सत्कार, दान और वनवासी ऋषि–मुनियों की सेवा–शुश्रूषा कर सीता एवं कौशल्या अपने दायित्वों का निर्वाह करती थी।[31]

किसी मनुष्य, संस्था, शासन–व्यवस्था, सम्प्रदाय द्वारा किसी भी मानव को अनावश्यक पीड़ित करने का कोई अधिकार नहीं है।[32] इसलिए रामायण में सीता ने वन में प्राणियों का वध न करने का उपदेश दिया था।[33] साथ ही सीता पति की अनुचित आज्ञा का निस्संकोच विरोध करती थी। अपनी बात भी मनवा लेती थी।[34] लंका में रावण की आज्ञा से सीता को कष्ट देने वाली राक्षसियों का हनुमान जी द्वारा वध हेतु तत्पर होने पर सीता ने उनको अमंगल करने से रोका था।[35]

रामायण में नारी अपने प्रति विरूद्ध आचरण होने पर या चरित्र पर संदेह प्रकट होने पर अपने स्वाभिमान को सुरक्षित रखना जानती थी। लंका से लौटकर आयी हुई सीता के उत्कृष्ट पतिव्रत को संदेह की दृष्टि से देखे जाने पर सीता ने लक्ष्मण से कहा था कि मेरे लिए चिता बनाओ यही मेरी विपत्ति की औषधि है, मिथ्याकलंक से कलंकित होकर मैं जीवित नहीं रह सकती।[36] और सीता को निष्कलंक सिद्ध करने के लिए अग्निदेव सीता को अंक में लेकर चिता से निकले थे।[37] राम–राज्य में स्त्रियों को अन्याय के प्रति अपना विरोध प्रकट करने की पूर्ण स्वतंत्रता थी। वे न्याय की याचना हेतु न्यायालयों में भी प्रवेश करती थी।[38]

रामायण में कैकेयी,[39] मन्थरा[40], सीता[41] कौशल्या[42] तारा[43] सूपर्णखा एवं सरमा[44] को राजनीति का सांग ज्ञान था।

स्त्रियाँ सैनिक शिक्षा में निष्णात होती थी। देवासुर संग्राम में कैकेयी अपने पति राजा दशरथ के साथ युद्ध भूमि में गयी थी और शत्रुओं के शस्त्रास्त्रों के प्रहार से जर्जर पति के शरीर को अन्यत्र ले जाकर रक्षा की थी।[45] कौशल्या ने भी अश्वमेधीय अश्व की ग्रीवा पर तलवार से तीन बार प्रहार किया था।[46] लंकिनी[47] ने लंका में प्रवेश करते समय श्री हनुमान के साथ युद्ध किया था। यक्षिणी ताडका का सामना श्रीराम जैसे महापुरूष ही कर सके थे।[48]

रामायण में पत्नी, पति की अर्धांगिनी[49] ही नहीं आत्मा[50] भी कही गयी है। सन्ध्योपासना, श्राद्ध, व्रत एवं उपवास[51] श्रीराम–सीता दोनों सम्मिलित रूप से करते हुए थे सीता का अभाव श्रीराम ने उनकी स्वर्णमयी प्रतिभा अपने वाम–भाग में स्थापित करके दूर किया था।[52] राजा दशरथ के अश्वमेध यज्ञ में भी कौशल्या, सुमित्रा एवं कैकेयी ने सम्पूर्ण क्रियाएं पूर्ण की थी।[53] पत्नी के होने पर पति पर स्त्री से परांगमुख रहता था। सूपर्णखा द्वारा विवाह प्रस्ताव रखने पर क्रमशः राम और लक्ष्मण 'मेरी शादी हो चुकी है' उसके प्रस्ताव को ठुकरा देते हैं।[54] मन्दोदरी ने भी पतिहित कामना से रावण से सीता श्रीराम को लौटाने के लिए बार–बार आग्रह किया था।

इस प्रकार हम देखते हैं कि रामायण युगीन नारी अपने कर्तव्यों एवं अधिकारों के प्रति पूर्णरूपेण जागरूक थी। परन्तु वर्तमान में चेतना के स्वर बदलने पर नारी अपनी सामाजिक, आर्थिक एवं राजनीतिक स्थिति को महत्वपूर्ण बनाने हेतु प्रयत्नरत हो रही है। आज की नारी में स्वालम्बन की भावना प्रबल है। जिसके लिए अर्थव्यवस्था का सुदृढ होना आवश्यक है। उसको प्राप्त करने के लिए वह शिक्षा के क्षेत्र में आगे बढ़ना चाहती है। आज शिक्षित स्त्रियां, डाक्टर, वकील, इंजीनियर, प्रोफेसर, जज, सी0ए0, लेखाकार और बड़ी–बड़ी मल्टीनेशनल कम्पनियों में कार्यरत होकर पुरुषों के समान

क्या? उनसे भी अधिक तनख्वाह प्राप्त कर रही है। पैसे के बल पर सामाजिक प्रतिष्ठा प्राप्त कर राजनीति में सक्रिय हो रही है तथा निरन्तर अपनी सन्तान की शिक्षा एवं उसके सुभविष्य के निर्माण हेतु जागरूक रहती है।

नारी द्वारा इतना सब करते हुए भी प्रतीत होता है कि आज की नारी पुरुष के समकक्ष आने की दौड़ में कुछ ज्यादा ही जागरूक हो गयी है। अधिक पैसा कमाने की लालसा में मान–मर्यादा को भुलाकर, शरीर से उतरते वस्त्रों को नहीं देख पाती। विवाह करके जीवन पर्यन्त सुख–दुःख में साथ रहने वाले पति को स्वीकार न करके अनेकों पुरुष मित्रों के साथ देर रात सिनेमा, क्लब, होटल आदि में जाकर अपनी चेतना का परिचय देती है। स्वेच्छानुसार पति का चयन करने में कन्या की उम्र इतनी बढ़ जाती है कि बाद में विचार–वैमनस्य होने से शीघ्र विवाह–विच्छेद की स्थिति उत्पन्न होने लगती है आज अदालत में असंख्य विवाद इसी से सम्बन्धित है।

शारीरिक आकृति बिगड़ने के डर से महिलाएं सन्तानोत्पत्ति से परामुख होती जा रही है। शैशवावस्था में बच्चे का लालन–पालन एवं प्यार जो माता से मिलना चाहिए उससे बच्चा वंचित रहता है क्योंकि कार्यरत माताओं के पास उतना समय ही नहीं है। वृद्धावस्था पूर्णतया आश्रयहीन होती प्रतीत हो रही है। आज की नारी अपने अधिकारों के प्रति तो पूर्ण रूपेण सचेत है, मगर कर्तव्यों से विमुख होती नजर आ रही है। जबकि नारी प्रेयसी बनकर नहीं रह सकती। सुरुचिपूर्ण, सुसंस्कृत, परिस्कृत जीवन जीना एक बात है, किन्तु तितली की तरह सज–धजकर पुरुष हृदय की धड़कन बनना दूसरी बात है। माँ के रूप में ही स्त्री पुरुष को सही दिशा और मार्ग दर्शन करती है। वह ममता की अखण्ड ज्योति है, शाश्वत स्नेह की सरिता है। परिवार की कर्णधार है सन्तान को सुसंस्कार देकर सही समाज का निर्माण करती है। और कुमाता होने पर नाना प्रकार की विपत्तियों को बढ़ावा देती है।[55]

महिला जागृति से कर्मचारी महिलाएं समाज के लिए एक समस्या भी बनती जा रही है। महिलाओं के कार्यरत होने पर पुरुषों की बेरोजगारी में भी वृद्धि हुई है।[56]

उपर्युक्त विवेचन के आधार पर हम देखते हैं कि रामायण युगीन नारी जहां अपने अधिकारों के प्रति सचेत थी वहां अपने कर्तव्यों से भी परांगमुख नहीं थी। किन्तु आज का युग अर्थ प्रधान युग है, अकेला पुरुष अपनी पूर्ण क्षमता से भी जीवन को अर्थप्रिय नहीं बना सकता। इसलिए नारी के अर्थपूर्ण सहयोग की आवश्यकता है। जीवन इच्छाओं की शतरंज बना हुआ है। जीवन द्यूतक्रीड़ा में विजय पाने हेतु नारी रूपी द्रौपदी को दांव पर लगाकर सब कुछ पाना चाहता है। परन्तु पुरुष तो नारी के सहयोग से दशरथ बनकर जीत सकता है। जीवन–रथ के पहिये यदि धुरीहीन है तो कैकयी रूपी नारी अपनी अंगुली डालकर पुरूष का जीवन रणक्षेत्र में विजयी बना सकती है।

अन्त में हम कह सकते हैं कि नारी अपने अधिकारों के प्रति जागरूक रहे यह बहुत अच्छी बात है मगर वह अपने पारिवारिक एवं सामाजिक कर्तव्यों से भी विमुख न हो। इसके लिए आवश्यक है कि पुरुष उसकी शारीरिक एवं मानसिक संवेदनाओं को समझे और आवश्यकतानुसार उसको सहयोग भी करे। ऐसा होने पर प्रत्येक स्त्री–पुरूष, परिवार, समाज एवं राष्ट्र सुख एवं आनन्द का अनुभव करेगा।

सन्दर्भ

1. मनुस्मृति 3 / 56।
2. अष्टादशपुराणेषु नारी, पृ0 29।
3. महाभारत उद्योग, 38 / 11।
4. शान्तिपर्व 165 / 32।
5. महिला और मानवाधिकार–एम0ए0 अन्सारी, पृ0 66।
6. संस्कृत–हिन्दी–कोश– वामन शिवराम आप्टे, पृ0 386।

7. उपन्यासकार चतुरसेन के नारी पात्र–डा0 सूतदेव हंस।
8. ऋग्वेद 1/117, 1/39–40।
9. वही 10/189।
10. A S Altekar–The Position of woman in Hindu Civilization 1957 2nd edition P.P 198.
11. रामायण में नारी – डा0 अर्चना विश्नोई, पृ0 131।
12. वाल्मीकि रामायण 2/29/17।
13. वही 2/9/11–16।
14. वही 1/14/33।
15. अल्तेकर, एजुकेशन इन एन्शियेन्ट इण्डिया, पृ0 210।
16. एस0एन0 व्यास, इण्डिया इन द रामायण एज, पृ0 26।
17. मुकर्जी, एन्शियेन्ट इण्डियन एजुकेशन, पृ0 343।
18. वाल्मीकि रामायण 1/32/18–20।
19. वही 7/17/25, 26।
20. वही 7/80/9।
21. वही 5/21/7–15।
22. वही 7/91/24, 25।
23. वही 2/6/1–4, 2/26/4।
24. वही 5/14/46।
25. वही 2/29/20।
26. वही 2/117/23।
27. वही 2/27/7।
28. वही 7/42/28, 2/39/26, 27।
29. वही 2/61/22।
30. वही 2/12/40।
31. रा0 में नारी, पृ0 253।

32. महिला और मानवाधिकार, पृ0 16।
33. बाल्मीकि रामायण 3/9/9।
34. वही 2/30/9, 39।
35. वही 6/113/45–46।
36. वही 6/116/18।
37. वही 6/116/25–28।
38. वा0रा0 7/53/5।
39. वही 2/14/61।
40. वही 2/7/18।
41. वही 2/26/4।
42. वही 2/58/20।
43. वही 4/15/16–18।
44. वही 6/34/6–11, 6/33/15,18, 7।
45. वही 2/9/15, 16।
46. वही 2/70/26।
47. वही 5/2/28–30, 5/3/38।
48. वही 1/26/16–26।
49. वही 7/87/24।
50. वही 2/37/24, 4/24/37।
51. वही 2/87/19, 2/103/21, 2/5/9।
52. वही 7/91/25।
53. वही 1/13/41, 1/14/33–35।
54. वही।
55. महिला और मानवाधिकार, पृ0 66।
56. यशपाल के उपन्यासों में सामयिक चेतना–डी0ह0 श्री साने,पृ0 76।

11

WOMEN CONSCIOUSNESS IN CORPORATE WORLD

Lata Rani

The old adage," The consumer is not a moron; she is your wife" has to be rephrased: "The consum er is not a moron; she is your boss." How did this development take place? The single most significant reason for this development has been the dawn of the consumer era. Women in India have struggled to establish an identity and create a life space in social as well as work organizations. Educational Institutions are training women en to enter into new professions and to move away from traditional expected roles. My paper is particularly on "women en in management role and her consciousness in corporate world" For this I have analyzed a movement from the fifties to the New Millennium, which will bring clarity how women attitude has been changed towards corporate world. More specifically, my paper views the evolution and changes that have occurred from the 1950's onwards and looks at new opportunities for women managers in the new millennium. Women in Management are coming of age. The transformation of the Indian woman from an enigmatic figure, covered in meters of fabric, to today's educated, successful and accompli shed professional has not be en without personal sacrifices. These are the women who have broken the shackles of the past, who have walked on untraversed path, who have had the courage to make new bearings and to pay the price for the choices they have made.

INTRODUCTION

Women carry a cultural heritage of five thousand years. The social structures and role processes, which these women carry also, belong to the traditional agrarian society, which is two thousand five hundred years old. The Indian women for long have been seeped in cultural lore of idealism and faith shackled within the context of involuntary conformity to social structures and roles, and marginalized vis-a-vis the males of the family. After a hundred years of industrialization and over fifty years of freedom, Indian women at the workplace are realizing their dreams and finding their feet. Educated woman of today has traveled a long way and has created a niche for herself both at the home front and at the workplace, we examine the space she has created for herself. I explore how women in organizations have managed new roles, given shape to new patterns of identity and met challenges of the new millennium. Following phases of evolution have been encapsulated, each describing the Indian woman's role in corporate world as well as future opportunities and challenges.

Phase 1 : Women in the fifties

The women of the fifties can be categorized based on their reasons and motivation for joining the workplace. Women entered the workplace for two different reasons. Some women chose the work option primarily due to economic considerations and monetary reason. These women were educated and families required the resources. A different section belonged to families that owned businesses or were well placed in professional circles. The women were educated, were not compelled to do household chores, were intelligent and capable and wanted to utilise their education to pursue professional activities. Some women entered the world of business due to the loss of a male family member. These women took the dual responsibility of income generation and home management.

Phase 2 : Women in the Sixtees and Seventeen

By the mid sixties, women in significant numbers had entered the portals of formal education both at the primary level and at higher levels. In the realm of work, new frontiers had opened up for women. These women had grown up with the benefit of education and dreamt of a different role and life for themselves. Upon graduation, they entered organisations in significant numbers and aspired for career growth. This was quite unlike their mothers who were housewives or the women in organisations before them w ho were satisfied with whatever responsibilities that w ere as signed to them but did not actively seek career paths. These were the "second generation" of working women who were benefited by the trend set by the women who had entered organisations in the *SO's*. It should be mentioned that the reference to this "generation" of women is only symbolic. Women entering organisations in the sixties belong to the second generation in the sense that women in the fifties had already set the trend hence, the problems that these women of the 60's and 70 have encountered were considerably fewer. Many women learnt to be assertive and sometimes aggressive. They became ambitious and competitive.

Phase 3 : Women in the Eighties

This was the era of emerging professionalism. Women of the fifties, sixties and seventies had accepted both their social and work roles. They played the social role in the traditional mode and to some extent carried that to the organisation. They rode two horses and juggled seemingly conflicting roles. The stereotyping of men in 'successful career paths' meant that women had to surrender their femininity and sacrifice personal lives and relationships. Some women experienced motherhood as a chore and a responsibility that was not adequately shared by the husband. This created the dilemma of choice between the traditional feminine role and the role of a working woman. It created two different siloed worlds that were difficult to bridge. The early generations of working women experienced alienation from both worlds without the fulfilment and rewards that each had to offer.

Phase 4 : Women in the Nineties

The women of the nineties emerged as a qualitatively different breed of women. The upbringing and education of women in the nineties have been different than what it was for women of the prior generation. Women in the nineties increasingly have role models anchored in their own gender - mothers, aunts and teachers who had successful careers and who inspired the young women of today to take up new challenges, explore new vistas, compete at the workplace and find personal fulfillment. Over the time the education system in India has evolved in terms of fairness and support towards female students. The generation of women growing up in the nineties have also had support from the males in the family, *i.e.*, the fathers as well as other males in the primary system. This attitude of openness has facilitated women both at the social as well as professional levels. In the emerging business environment the challenges facing the Indian women of today include the need to manage multiple roles and to remain competitive at the workplace. This "survival of the fittest' syndrome in the organisational context means long working hours. Given the fact that there is increasing acceptance of women in organisations as well as greater professional opportunities it is still difficult for the women to reach the top. Working women constantly juggle roles and attempt to maintain a balance between home and a career.

Today's better organisations have attempted to understand the issues faced by working women and to address these issues realistically. There are many organisations where women feel safe, secure and respected for their capabilities and the managerial roles they play. Our attempt here is not to present a bleak scenario which stereotypes the difficulties faced by women in management but rather to identify the dilemmas that these women encounter. If indeed these are the realities of the changing environment, then women in management have the possibility of transforming and redefining the organisational context as well as their roles within it. In general, the women of the nineties are increasingly aware of their right to choose and to shape their own destiny. Many women have learnt to live alone, travel alone, and rear children alone if marriage fails. Some women have preferred to remain single and are leading fulfilling lives. Many working couples have opted to remain childless, indicating a departure from blind adherence to traditional societal expectations. Others have chosen to limit their families to one or two children in order to achieve professional as well as personal goals.

Phase 5 : Transition to the New Millennium

The decade of the nineties witnessed a major paradigm shift in the business environment in the country. The shift is away from industries based on manufacturing towards industries offering services. The service industry lends itself to a more flexible work ethos, one that allows individuals to be part of the work force regardless of their geographic location and work schedules. This trend has been reinforced by the widespread availability of enabling technologies, such as user-friendly computer hardware/ software, internet facilities and virtual libraries. These industries have also been extremely profitable and have created phenomenal opportunities for the proper utilisation of the significant human resource that is available in India.

These are industries that are new and vigorous and do not suffer from the baggage of the past. Women have the opportunity to create virtual working environments at home, avail of flexible working hours and therefore better deal with social and home responsibilities. The emerging scenario in the new millennium suggests changes at the workplace which were unthinkable in the past.

Today at the dawn of the new millennium women are at a cross-road and at the threshold of a new life. They are the children of a new millennium and have the possibility to explore new frontiers within themselves and in the external environment. What choices do they make for themselves to realise their dreams and aspirations? The best alternative is for women to take an adventure and to search for their own identity Rather than men, society or the system women need to look within, re-discover themselves and become change agents for the society. Fortunately, many women of the 20th century have taken an adventure into the unknown and have achieved landmarks in their careers and in their lives.

CONCLUSION

The interpretation of the concept - that man and woman are complementary "halves " of a "whole" -would seem to bear little relevance within the corporate sector environment. In fact, in the boardroom, the so-called "complementary half often becomes an adversary. The corporate ladder has been known to hang the skeletons of several "beautiful" relationships while the real adversary is actually the "ego" which should ideally have no place in a proactive environment. As history has borne evidence, while the male ego might still feel a little insecure and uncomfortable with the idea of accepting a female colleague at the same or superior level, time and habit will take care of this, for finally, it is economics that defines culture. Egos have an amazing ability of adjusting to economic realities.

Then, maybe, the old saying," Behind every successful man, there is a woman" will have to be rewritten as "Behind every successful woman, there is a man". Equality, mutual respect and support and interdependence maybe the demands and the needs of these times, as also the only ideology for a proactive and peaceful co-existence. The success of women managers has to be measured by a far more comprehensive yardstick than the one the corporate world has so far been using... sustained productivity. Traditionally defined as "value added" to an "asset base", this definition limited itself merely to the measurable aspects of productivity which failed to take cognizance of the human factor, thus resulting in the collapse of several high productivity societies like Japan.

REFERENCES

1. Preeti Singh, Women Employment in the Hotel Industry in Delhi, University Grant Commission Project, University of Delhi. 1985.
2. N. Ramu, Women Work and marriage in Urban India, Sage Publications, New Delhi, 1989.
3. Kaval Gulhati, Attitudes toward Women managers. Economic and Political Weekly, Feb 17-24,1990. (M41-47.)
4. Taisha Abraham, Women and the 'Politics' of Violence, Shakti Books, Har Anand Publications, NewDelhi, 2002, p. 15.
5. A survey on working women in India was conducted by Parikh, Indira J. and Engineer, M F.
6. Raman Kumar, Women executives. Deep and Deep Publications, New Delhi, 1993.
7. A. H. maslow, New Knowledge in Human Values, Harper and Bro s, New York, 1959.

12

WOMEN IN AYURVEDA

Jai Prakash Gupta

Ayurveda is based on a medically relevant philosophy with a distinctive perspective towards human life. It views man as a microcosm of the universe. Ancient Indian physicians asserted that both nature and man are made up of the same matter, the five gross elements: earth, fire, air, water and space;additionally, man has consciousness. Man is a combination of body, mind and self; physical and psychological processes are inseparable and interact, both expressions of the life force. The treatment is given to the psychophysical organism (Bhutatma) and not to one or the other part of the body.

Ayurveda views the human being as a whole constituted of body, mind, intellect and self. The body is said to be of two types: the gross body, Sarira, which is observable and perishable, and the subtle body, Sukshma- deha, made up of elements like mahat, ahankara and sensory organs. The subtle body cannot be perceived.

Ayurveda views the human being as a whole person and not as a machine but how does it look upon male and female? The male is the giver of seed, nourished by the female, the field. The seed has potential for life; the field is inanimate. Both Charak and Susruta use the word field for the womb. The language of Beeja and Kshetra sees woman as an object and hence a lesser being. The four goals of life, the system of four stages of life which provide a context for moral life, are not for her. Her duties are mainly two - giving birth and acting as a sexual partner. In her youth she is in the custody of her father or brother. Later on, the husband has a right over her and in old age she is under the control of her sons. She is always a dependent being. Medical treatment by Ayurveda has the effect of controlling a woman's life. For example, Ayurveda does not permit the practice of abortion in accordance with the tenets of the Hindu Dharmasastras where garbhapaat (Abortion) is considered a sin twice greater than that of the greatest sins called Brahmahatya (Parashar Smriti.4-20: Manusmriti.4-208). The MTP Act 1971 has proved to be an agony for the women in india, rather than providing any relief to them.

Because of its commitment to the western scientific perspective, modern medicine cannot and does not have a just approach to women's problems. Medicinal systems are created by human beings, so they can be changed by them as well. This requires the evolution of a new perspective. The issue is not the hegemony of this or that system but how we use it for the health of all human beings. Both systems are influenced by socio- cultural practices that appropriate and use techniques to fulfill political purposes. At this level, one's understanding of ethics and commitment to values become important.

Ayurveda prescribes a medically relevant lifestyle which includes proper diet, proper exercise and proper mental attitude. This is reflected in day-to-day practice, dinacharya. Thus ethics becomes an integral part of Ayurveda. In this ethics, obligation is the keyword. Human beings are part of a social world and they have an obligation to nature, society and to themselves. These obligations are determined according to varna and ashrama.

GARBHA SANSKAR (Prenatal education)

The Indian History of Prenatal education :

- The story of Abhimanyu is well known in the Mahabharata. Abhimanyu, the son of Arjuna, learned how to enter the Chakravyuha (the strategic arrangement of warriors to entrap and defeat the enemy) when he was in his mother's womb. Abhimanyu had heard and remembered the narration of the technique by Krishna to Subhadra during her pregnancy.
- When Pralhad's mother was pregnant with him, she used to listen to devotional songs. Therefore, even though Pralhad took birth in a Rakshasa family, he became a devotee of Lord Vishnu.
- Mother of the great Indian freedom fighter Vinayak Damodar Savarkar used to read the courageous stories from the Ramayana and Maharana Pratap to her son when he was in her womb.

Ancient Indian medicine has recognized the need for the mental, spiritual and physical preparation of the mother-to-be for the momentous event of childbirth. Ayurveda describes this theory as "Supraja janan" or eu-maternity This "Supraja janan", as conceptualised in Ayurveda, involves the preparation of the couple planning pregnancy, three months prior to conception. Pregnancy should be by choice, and not by chance. The beginning is by pinda shuddhi or the purification of the gametes (sperm and ovum). If the couple is not in a state of mental stability and calmness, even if they are physically fit, they cannot give birth to a healthy child. This mental calmness and stability ("Sathwa Guna") of mind is closely related to ones food habits and many other factors. Abstinence from spicy foods and addictive substances is advised.

It is now universally proven that the foetus is not just a mindless mass of flesh, but a highly responsive and evolving human being, capable of receiving, understanding and responding to external stimuli. It, therefore, follows that the foetus has a right to receive positive and enriching feedback or garbha sanskar. Ayurveda prescribe a particular daily practice for the pregnant woman. Along with the prescription for diet, Yoga and routine body care, instructions are also given for reading material, subjects of discussion, and music and mantras to be listened to.

Development of parent-foetus bonding : The techniques involve meditation, autosuggestion, self-hypnosis, and sualisation (including the highly-effective white light visualisation and benevolence beaming technique), establishing a dialogue with the foetus.The main requirement to transmit 'good values' is to establish communication with the baby in the womb. Thoughts and feelings of the parents affect the baby. Even before the thought is expressed, it remains in an unexpressed form in the mind. At that time, its wavelength is the shortest and its energy is at the maximum level. Intentional, directed, selfless, unspoken thoughts lead to maximum sanskar on the foetus.

Prayer for the Parents

We pray in the name of the Highest Truth. We believe that everyone stands by his own causality, self or karma. To the extent to which the karma of all three of us has conjoined, my prayer should contribute to, and ameliorate the child. Though I do not wish any change in the chosen course of the child, I harbor a natural desire for the good of the child. Little baby we welcome you!''.Come to enjoy a fruitful and realized life. On our part we would like you to be .... [In these spaces parents suggest their wish to the baby] and develop...skills, if you have no objection. In pursuance of we shall try to offer facilities for the indication from you, namely..., we shall try to offer facilities for the same. Let this prayer work to that end as much as it can.

We submit this prayer for the good of yourself, our family, nation, mankind and the world as a whole. Let this step purify all of us to attend to what we desire and deserve. May the Good Spirit in us help all of us.'

Life Style of the Mother-to-be

It is unadvisable for the pregnant woman to watch the films depicting scenes of horr, murder, and violence. It can produce negative effect on the child's character in future. During pregnancy she shoulɑ keep company only with people who have a favorable influence over her. She should read fine literature, look at the beautiful works of art, listen to soft music, contemplate pleasant landscapes and have only positive and constructive thoughts.

Herbal Medication

Two herbal Ghees (Medicated ghee - Base is Cow's ghee) are recommended in the 4th, 5th, 7th, 8th and 9th months of pregnancy. This ghee is to be taken every day during this period and the dose is one tablespoon. This treatment is widely practised southern states of India especially in Kerala. The herbal preparation *'Kalyanakam Ghrut'* is used in the 4th & 5th months. It is supposed to be effective in the development of mental faculties of the growing foetus. It also helps in the development of all bodily systems in the foetal baby. More over it prevents congenital abnormalities. This ghee prevents anemia in mother. *'Thanka sree Ghrut'* is used in the last months of pregnancy. This aids the complete developments in the foetal life and can bring good fortunes to the child. This ghee also helps to a full term normal delivery.

Punsavan Sanskara

It is one of the 16 Sanskaras mentioned in Hindu Dharmasastras, also one out of the four,that are performed upon the females, *i.e.*, Garbhadaan, Punsavan, Seemanton-nayan and Jaatakarma. The popular notion about this

Sanskara is that it is performed for the desire of having a male child. But the description in Ayurvedic texts (Charak Sh.8, Susruta Sh.2 and Ashtangsangraha S.S), provide the option to choose out of male and female, with a slight difference in the performance of the Sanskaras.

Nutritional Status During Pregnancy

Successful pregnancy requires continuous adjustments in maternal body composition, metabolism and the functions of various physiological systems. The physiological condition of women influence their nutritional status, because most Indian mothers are pregnant too frequently, malnourished, anaemic and dying of causes which can be easily prevented. In addition, Indian society has some socioeconomic conditions, cultural norms, and practices, which determine the nutritional status of a family and the women.

A nutritional diet is required for the maternal well being and a healthy baby. Normal pregnancy needs an adequate amount of protein, fats, calcium, vitamins, magnesium and zinc. Various studies on the average daily dietary intake of calories in pregnant women indicate that this varies from 1000-1900 calories; the intake of proteins is around 40 grams. The calorie and protein intake needs of pregnant women are lower than those of lactating women and higher than those of the non-pregnant, non-lactating women. The average daily iron intake of pregnant women averages 17.1mg. In general the dietary intakes of all the women in the urban slums are lower than the Indian Council for Medical Research (ICMR) recommended daily allowances, it may be improved by making nutritional education and supplementary nutrition to the pregnant women.

During pregnancy there is increased requirement of various vitamins and minerals; minerals include calcium, magnesium, and zinc. Calcium deficiency in pregnant women cause increased blood pressure, myocyte contraction and arteriolar constriction. Magnesium deficiency includes hypomagnesaemia, hypomagnesuria and hypokalaemia. Zinc deficiency cause congential malformations, neural tube defects and intrauterine growth retardation. To prevent these deficiency leafy vegetables, whole cereals, whole grain, whole pulses, meat, nuts, etc. should be consumed frequently by the pregnant women. The ICMR recommended dietary allowance was not followed by many of village women residing in villages. The main cause for such a low intake of food was found to be lower literacy rate among these women. It was also seen that women consumed food only after everybody has eaten their share. Nutrition education programmes should be rendered to rural women, through orientation training camps on regular intervals. All nutrition education programmes, study of dietary pattern should be conducted at intervals to monitor the impact of such programmes on the women. Longitudinal studies on the nutrient intake of pregnant women show that intake of calories, protein, calcium and iron by the pregnant women in all the trimesters was far below the recommended dietary value. It was also found that the intake of all nutrients by the pregnant women was significantly in the second and third trimesters than that in the first trimester. The factors that exerted a significant effect on the food intake were family income and trimesters of pregnancy.

According to ayurvedic obstetricians the greatest challenge is the effort to cope with the disparity between traditional Eastern and modern western ideas. Ayurveda is also a medical science but it does make a very slender demarcation between food and medicine. Ayurveda is more practical and experience based medical science "Swasthasya Swasthaya Rakshanam"(prevention is better than cure) is Ayurveda's primary goal. Even today prescribing food along with few herbs is able to make a great impact on the health of a pregnant woman. To an expecting mother, intake of milk, honey, and ghee is advised. During pregnancy there is tendency to put on undue weight. At this time, dieting is not suitable advice. Use of honey is best, as it helps one loose weight.

Ayurveda advises special attention to be paid to the nutrition and protection of the woman. The ayurveda approach can certainly contribute in a significant manner. Some areas where integration between western medicine and ayurveda can be thought of are :

1. Incorporation of Do's and Don'ts in antenatal counseling.
2. Giving due importance to the psychological and emotional aspects of the pregnant woman, and her daily routine.
3. Laying stress on care by the husband and other family members.
4. Supplementing her diet with folic acid and Shatavari during the first trimester.
5. Using Ashwagandha during the second trimester to improve immunity.
6. Giving supplements of iron and calcium with herbal preparations and
7. Adopting the beneficial concepts of the sootikagar

Menopause- The Agony and Ayuvedic approach of its management

Menopause is a unique experience for every woman. It is the ending of a woman's monthly menstrual periods and ovulation. It also signals other changes to the body and mind, brought on in part because the body begins producing lesser amounts of the hormones estrogen and progesterone (among others).Menopause is not a disease. It is a natural process in a woman's life. How a woman views this time of her life can have a lot to do with how frequent and severe her symptoms are. If menopause is viewed as the end of youth and sexuality, this time will be much more difficult than if it is viewed as the next, natural phase of life, a time of greater freedom, liberation from the restrictions of youth. Although menopause is one of the important physical milestones in a woman's life, many women lack concrete information about what is taking place and what are their options. With a proper diet, nutritional supplements, and exercise and simple lifestyle changes, most of the unpleasant side effects of menopause can be minimized to a great extent and with this knowledge and preparation you can step forward with grace and embrace it!

Ayurveda links menopause with aging. Aging is a 'Vata' predominant stage of life. Thus, the symptoms of menopause experienced by some women are similar to the symptoms seen when the Vata dosha rises and upsets the normal balance of the body. Vata-type menopausal symptoms tend to include depression, anxiety, and insomnia. Menopause may also manifest itself as a rise in the other two humors also. Women with Pitta-type symptoms are often angry and suffer hot flashes. Kapha type symptoms include listlessness, weight gain, and feelings of mental and physical heaviness.

The type of treatment depends upon the dosha in which the woman's menopausal symptoms are manifesting.Here it is important to note that health problems at menopause represent imbalances in the body that were already growing in the body and are unmasked by the stress of shifting hormones. Menopause symptoms are Nature's wake-up call to let you know you need to start paying more attention to your health. Taking proper steps in the direction of balancing the imbalance doshas, paying attention to your diet and making lifestyle changes now is critical to ensuring that you age gracefully without the burden of chronic health problems.

Vata-type Menopause

Symptoms – Nervousness, anxiety, panic, mood swings, vaginal dryness, loss of skin tone, feeling cold, irregular periods, insomnia, mild or variable hot flashes, constipation, palpitations, bloating and joints aches and pains.

Treatment

Diet - Increase warm food and drinks, regular meals, and use spices such as fennel and cumin. Decrease caffeine and other stimulants, refined sugar, cold drinks, salads.

Lifestyle - Early bedtime, oil massage using almond and olive oil, meditation, yoga, Regular exercise like walking Anti-Vata herbs include ashwagandha, arjuna, astragalus, cardamom, comfrey root, garlic, ginseng, guggul, hawthorn berries, licorice, myrrh, rehmannia, sandalwood and zizphus.

Pitta-type Menopause

Symptoms - Prone to Hot Temper, anger, irritability, feeling hot, hot flashes, night sweats, heavy periods, excessive bleeding, urinary tract infections, skin rashes and acne.

Treatment

Diet - Increase cooling foods, water intake, sweet juicy fruits (grapes, pears, plums, mango, melons, apples,) zucchini, yellow squash, cucumber, organic foods. Use spices such as cinnamon, cardamom and fennel. Avoid hot spicy foods, hot drinks and alcohol. no eating late at night.

Lifestyle - Go to bed before 10 PM , oil massage using coconut and sesame oil. Use Meditation and other techniques to reduce anger, hatred and resentment. Exercise and exposure to the sun are limited.

Anti Pitta herbs to be used include aloe vera, arjuna, barberry, golden seal, gotu kola, saffron, sandalwood and shatavari.

Kapha-type Menopause

Symptoms - Weight Gain , sluggishness, lethargy, fluid retention, yeast infections, lazy, depressed, lacking motivation, slow digestion.

Treatment

Diet – Prefer light, dry and warm food, Consume fruits, whole grains, legumes, vegetables. Use spices such as black pepper, turmeric and ginger. Avoid meat, cheese, sugar, cold foods and drinks. Weekly fasting is helpful. Most or all of the daily food should be consumed before 6 p.m.

Lifestyle - Get up early (by 6AM). Mustard oil and linseed oil are often recommended for massage.

Anti Kapha Herbs include bayberry, cayenne, cinnamon, guggul, motherwort ,mustard and myrrh.

Key Factors in Achieving Graceful Menopause

A smooth menopause transition and great health in the years to come can be achieved with the help of :

1. Balancing Doshas - Ascertain the imbalance dosha according to your symptoms and follow the advice given above to balance that dosha.

2. Balancing Diet - Diet plays a key role in balancing hormones during and after menopause. It is well known that Japanese women rarely experience hot flashes, probably because their diet contains large amounts of soy/soya, a food rich in certain plant estrogens called "isoflavones." Soya products are not the only source of plant estrogens, however. Another equally healthful source of phytoestrogens are "lignans," compounds found in a variety of whole foods including grains and cereals, dried beans and lentils, flaxseed, sunflower seeds and peanuts, vegetables such as asparagus, sweet potatoes, carrots, garlic and broccoli and fruits such as pears, plums and strawberries. Common herbs

and spices such as thyme oregano, nutmeg, turmeric and licorice also have estrogenic properties. Eat a varied diet high in fruits, vegetables, whole grains and dried beans .It's a rich source of phytoestrogen. Variety and moderation are important because just as too much estrogen is unhealthy after menopause, too much phytoestrogen may also be dangerous. *Apana Vata*, which governs the genito-urinary tract, elimination, and menstruation, is a key area to attend to when preparing for menopause. Drink plenty of warm water throughout the day. Eat plenty of cooked, leafy greens, as this helps elimination and is also a good source of calcium. For both Pitta and Vata imbalances, a breakfast of cooked apples and prunes and figs is a good way to start the day, as it balances the doshas and cleanses the digestive track.

Panchakarma - More serious symptoms, such as frequent hot flashes, continual sleep disturbance, and moderate to severe mood swings , are signs of deeper imbalances. Ayurveda describes that these stubborn symptoms are usually due to the buildup of wastes and toxins, referred to as "ama," in the body's tissues. In this case, a traditional Ayurvedic detoxification program "panchakarma," may be needed to clear the body's channels and gain relief. This internal cleansing approach is also the treatment of choice for more serious problems such as osteoporosis and high cholesterol.

Prasooti-Tantra (Obstetrics), has always been an important discipline in Ayurveda as is clear from the above therapeutic approach. In addition Ayurveda prescribes in detail the procedures to manage the full term pregnancy, in order to facilitate a safe delivery off the foetus. Whereas Acharya Charak and Susruta have called for the laprotomy to take out the dead or undelieverable fortus (Caesarean Section), there is no mention of the procedures like Episiotomy or Forceps Delivery.

A multi-disciplinary approach to menopause is completely lacking in India. Menopausal ailments can require specialist attention ranging from urologists to cardiac surgeons to brain specialists. While an interdisciplinary exchange is essential within allopathy, it is also essential between the various systems of medicine. Allopathic physicians tend to ignore the cures offered by ayurveda, naturopathy, unai and yoga. Dr. S.K. Sharma, Adviser (Ayurveda), Union Ministry of Health, says; "The post-graduate teaching universities of Gujarat Ayurvedic University, Banaras Hindu University and the National Institute of Ayurveda in Jaipur have brought out doctoral theses on the management of menopausal symptoms. Ashwagandha, Ashoka and Chandan are the most useful as they are non-hormonal. They are said to be quite suitable to deal with menopausal symptoms. The medication is usually given to women between the ages of 40 and 50 for a period of two months and there is usually no need to repeat it."

It is clear from the above discussion that Ayurveda provides a holistic and non-discriminatory approach towards females giving them an opportunity to lead a normal healthy life like that of the males, because it is a healthy body that can obtain chaturvidh purushartha, i.e., Dharma, Artha, Kama and Moksha. Ayuveda, being contemporary to the Indian classical history, supplements the demands of an ideal hindu life and therefore is fittest in the frame of the Indian Ethos.Thus, it is beyond doubt that there has been enough conciousness about women in ancient Indian Ethos and Ayurveda on its part has made a valuable contribution in keeping the health of the fair sex Pink, always.

13

LITERARY APPROACH TO WOMAN CONSCIOUSNESS

Simran Sidhu

Literature is life and life as we all know involves the conscious activities of men and women. Hence, we cannot dream of literature without women and their consciousness. However, literacy artists treat and delineate women in their own way. They perceive women consciousness in accordance with the times they live in. There are poets, novelists, dramatists and essayists who place women on a high pedestal to be worshipped as goddesses. But then there are literary artists for whom members of fair sex are only puppets in the hands of gods and men. Modern literature in general and American literature in particular seeks to preserve democratic values, including the equality between men and women. Malechauvinism that dominated the Greek literature as also the English literature seems to have lost its force with literary artists of our times.

Elizabethan sonneteers such as Sydney and Spencer glorified ideal beauty and portrayed their beloved as paragons of beauty. For them woman consciousness was studied within periphery of romantic aspect of human life Woman in their works was incarnation of their dreams but also its frustration. Her presence being inconspicuous as an objective reality existing in and for herself. But this romantic and fanciful portrayal of Platonic love was exposed by the metaphyscial poets. Donne has asserted that both the lover and the beloved should belong to the same world and their consciousness must be compatible. In a way metaphysical poetry treats women as equally important with men.

Shakespeare, the bard of Avon has presented before us in his literary canvas the portraits of so many women. In his tragedies women are subservient to the tragic protogonists and their consciousness is regulated and governed by their circumstances that are man made.

In Hamlet, Gertude is a fickle minded woman whose passions govern her the maxim 'Frailty, thy name is woman' is very much applicable to her character. She in connivance with her brother-in-law Claudius poisons her husband but unsuspecting husband so as to share her bed with a perfect villain. Ophelia, Hamlet's beloved is so much under the influence of her father Polonius and brother Laeretes, she loses her mental balance and commits suicide. She fails to assert her right to become one with her true lover Hamlet. In Othello, Desdemona who embodies perfect innocence and genuine smiles, fails to assert her identity and is strangulated by her credulous husband, Othello. It is only in Macbeth, that lady Macbeth lords over her husband and, makes him wade through blood to the throne. However being a woman, she is not made of steel and faced with crisis embraces death.

In Romantic comedies by Shakespeare, the heroines dominate the action. Aristotle in his great work The Poetics, has opined that tragedies are dominated by above average and comedies by characters below average. Shakespeare may seem to be guided by this maxim of Greek philosopher in his comedies dominated by love. Women characters surpass their male counterparts with the help of their indomitable wit. In Twelfth Night Viola, is 'the synosure of all eyes'. In As you Like It, Rosalind is the very focus of attention for not only the spectators but also the other characters of the play. In the romance The Merchant of Venice, Shakespeare comically reveals that women abound in with the help of which they add spice to otherwise dull human life.

Even female novelist Jane Austen did not question the social standards that prevailed in the society. That young girls should be suitably married provided they have good breeding with property and other privileges was her chief concern. She did not aim to raise questions in sociology that must at all costs be met and answered. She confined her self to writing those love stories or various experiences of woman in a superficial manner. The Victorian novelists, the Bronte sisters made indelible mark in the literature through their creative works and gave free expression to their account of passions vices and noble sufferings of aristocratic souls. Charolotte Bronte's Jane Eyre has been conventionally studied as an allegorical account of female independence in the context of 19th century British. But even Jane's struggle for assertion and fulfillment involves and over shadows the effacement of the other girl in the novel, the wife of Rochester, Bertha Mason Charollete like the majority of women writers seems to have fallen a prey to that prescriptive feminist ideology of creating strong women characters.

Hardy, a great novelist, presents women characters as play things in the hands of their husbands, lovers as well as fate. In The Mayor of Caster bridge, Susan is sold by her husband Henchard under the influence of liquor. She goes away without even voicing a single protest. In Far From the Maddening Crowd Bathshabe is the heroine. She is bold and quite capable of handling her farms as well as farm hands. But she marries Troy. Hardy's Tess of the Durbervilles is his greatest creation. Here he has shown the desertion, the struggle for bread and the terrible death of Tess. But Hardy is a meliorist. His characters do suffer but have definitely opened new hope for the coming generation. Angel does realise his error in judging Tess. When he comes back to Tess it shows that he is now a transformed man who has broken the shackles of prejudices and realises the folly of his pseudo intellect. The six days which Angel and Tess spend together is a fulfillment of their pure love. Tess knows her fate in the hands of law but is visibly a happy and fulfilled woman. She dies but the novel does not end on a pessimist note.

With Dickens also, woman are not so refined and intellectual as we in our times expect them to be. In his great novel The Great Expectations, there is not even a single woman character who leaves an indelible impression on us. Pip's sister dominates everyone on around her but her brutal behaviour and her pathetic death do not make her a woman of stature. Miss Havishan is a woman with brutal nature and does not cast a noble spell on us. In Thackery's great work Vanity Fair, the heroine Betty Sharp who is highly ambitious seems to be the prototype of a modern woman. But we should not forget that to realise her dreams, she has to surrender her dignity and integrity.

The romantic poets, glorify woman consciousness dominated by virtue of innocence, Wordsworth takes delight in portraying women with rural background. In his lyric. 'Solitary Reaper', we are introduced to a lovely lass reaping all alone in the fields. Her country background has been highlighted with the help of her simple, sweet and soothing song. The poet listens to her song without disturbing her, for he knows that she is highly conscious of her being lovely. Keats sings of physical beauty but he also longs for beauty that is eternal and is synomous with truth. In his romantic lyric, LaBelle Dame Sans Merci, he disapproves of beauty that is without faithfulness. In a way he is critical of woman consciousness that makes a Belle proud and callous. Byron's 'She walks in Beauty' glorifies pure and chaste beauty. He adores beauty that makes a woman an ideal for other woman. For Romantists, woman is the mirror image of their idealism. In India, both men and women writers have seen women in different relationships. But intellectuals and sociologists regard Indian society as a traditionally male dominated where individual rights are subordinated.

Kamala Das was born into a traditionally, orthodox society where the power of decision making vested with men only. The women of her family were 'Silences' who could not speak beyond whispers. But she not only spoke but also tried to break shackles of treating women as sheer commodities. Her 'My Story' was revolutionary attempt. No Indian woman writer before Das could bring to the forefront the ubiquitous female psyches in an uninhibited manner. Her poetry gives an uninhibited expression to 'the full range of frank experience'. As Iqbal Kaur observes: She revolts against the sexual colonism and provides hope and confidence to young women that they can refuse and reject the victims position. Anita Desai dwells on the women consciousness that becomes highly sensitive because of the obsession of lonliness. Her heroines suffer from psychological and some times cultural alienation. They are mostly house wives. Anita Desai tries to sensitize their problem but some how offers no fresh insight for them to come of their dark poignant life. Shashi Deshpande concentrates on the middle class woman as a protogonist who comes to awakening through a crisis. In her novels we locate extreme forms of love, ranging from sexual abuse and cruelty to the love that transcends sex. She holds that woman should not merely lament the victimage but accept her own share in perpetuating patriarchy, understand herself and work hard to realise her suppressed potential. An extensive range of women belonging to different classes, castes and educational levels is found in her novels. In her novel, That Long Silence Jaya finds that art of writing an important means of liberation. She is a strong advocate of woman empowerment and the emergence of values that help women to stand along with men. The important insight Shashi Deshpande imparts to us is that women should accept their own responsibility for what they are, only through self analysis and self understanding. Through vigilance and courage they can begin to change their lives.

From the Stone Age, man has been seeking in woman the myth of his virility, his sovereignty. He dreams of himself as their donor, liberator, redeemer and still desires the subjection of woman. In trying to hide his real self he calls females sluggish, eager, artful, stupid, callous, lustful, ferocious, abased. Her projects them all at once upon a women.

Simone de Beauvoir in her great work 'The Second Sex' asserts that women should revolt against their suppression and exploitation. In her views, Feminine literature in our day is animated lest be a wish to demand our rights than by an effort towards clarity and understanding. The central theme is that; since patriarchal times women have in general been forced to occupy a secondary place in world in relation to man. She strongly holds women are as much as human beings as man biologically, sociologically, psychologically and potentially.

Therefore, I conclude that literary approach to woman consciousness must be rational and not biased.

REFERENCES

1. Thomas Hardy : Tess of the D'urbervilles - Rupa Classics IVth Edi tion 2002.
2. Shashi Deshpande : That Long Silence - Penguin Books 1989.
3. Simone de Beauvoir : The Second Sex - Tranlated and edited H.M. Parshley, New York Vintage books, 1974.
4. Sarla Palker : Breaking the Silance in Feminism and Recent Fiction in English, Atlantic Publishers, Edited by Monica Gupta, 2000.

14

THE LOST SACRED FEMININE : CHRISTIAN PERSPECTIVE OF WOMAN CONSCIOUSNESS

-Amrit Kaur

The basic feminist idea...is that in respect of their fundamental worth there is no difference between men and women. At this level there are not male beings and female beings, but only human beings or persons. The nature and value of persons is independent of gender."

John Charvet (Feminism)

But the discrimination of sexes has been in practice ever since the start of life on earth. Even at the early stage also life of a woman in the society of hunters must have been different from that of a man. Society seems to have failed to envisage 'Her' make of life and its expectations and almost failed to interpret her feelings, hopes, anxieties and frustrations. Many ethical injunctions in the earlier Western and the Indian society appeared to be discriminatory against woman.

There is considerable difference in attitude towards woman in the orient and occident. In the western society the social, cultural and religious status attributed to women is quite different from that in Eastern societies. However it can be asserted that the position and status of women in a particular society is one of the primary criteria to judge its culture and greatness.

The ancients, in pre Christian era were nature worshippers and they envisioned their world in two halves – masculine and feminine. Their gods and goddesses worked to keep a balance of power. When male and female were balanced, there was harmony in the world. When they were unbalanced there was chaos. Early religion was based on the divine order of nature and sacred feminine or divine goddess represented the female half of all things. But the sacred image was virtually eliminated by the church. The power of the female and her ability to produce life was once considered divine but it posed a threat to the rise of the predominantly male church and so the sacred feminine was demonized and called unclean. It was man not god who created the concept of original sin, whereby, Eve tasted the apple and caused the downfall of the human race. Woman once the sacred giver of life was now the enemy.

The concept of woman as life bringer was the foundation of the ancient religion. Child birth was mystical and powerful. Sadly, Christian philosophy decided to embezzle the female's creative power by ignoring biological truth and making man the creator. Genesis tells us that Eve was created from Adam's rib. Woman became an offshoot of man and a sinful one at that. Genesis was the beginning of the end for the goddess.

Roman Catholic Church started a campaign to eradicate pagan gods and goddesses, subjugate women, burn non believers and forbade the reverence of the sacred feminine. The female members were forced to clean the men's residence halls for no pay while the men were at mass; women slept on hard wood floors while the men had mats and women were forced to endure additional requirements of corporal mortification... all as added penance for original sin. It seemed Eve's bite from the apple of knowledge was a debt women were doomed to pay for eternity.

Throughout Medieval period when Christianity had full control on philosophy, politics and religion, women never got a place of equality in the society. Celibacy and Virginity were considered to be great virtues and any violence of these was seriously viewed. The famous Joan of Arc was burnt for blasphemy. It was hundreds of years after this incident that she was elevated to the status of sainthood.

Among the early Christians, it was generally believed that woman is the devil's gate and she destroys god's image in man. A Latin author remarks, "Woman is the confusion of man." Dr. Radhakrishnan adds, "Christian Europe has been brought up on the belief that death would have been unknown but for the unkindness of women. She was accused of treachery, back biting and tempting men to their doom."

If we move from mythology to history and philosophy, the situation is almost the same. In Greek philosophy, which has provided the foundation for western systems the position of women was rather pitiable. Plato held that woman is inferior to man and natural companion is man only. W.T.Stace writes about the views of Plato, "The modern view of woman as the complement of man is quite alien to Plato."

Aristotle was not much different than Plato in this respect. He also considered women less complete, less courageous and feeble. It was customary in Greek philosophy to treat woman as second grade citizen. She was considered more as means of procreation and child bearing. Aristotle holds that a woman is unfinished man, left standing on lower step in the scale of development. Woman is weak of will and therefore incapable of independence of character. Even great poets like

Shakespeare and Tennyson seem to be prejudiced against women. In Hamlet Shakespeare says, "Frailty thy name is woman." Tennyson also writes, "Sword is for man and the needle is for the woman, man is born to command and woman to obey those commands."

Woman is the Alpha and Omega of the world. August Comte the father of sociology visualized in woman the image of mother, daughter, sister and wife. Mother gives the blessing, wife endures it sister captivates and daughter demurs it. The negative counterparts of all her qualities result into serious hurt or destruction of the society.

During Puritan period much stress was laid on celibacy and maintenance of very high moral virtue by women. In fact women were considered to be the source of allurement and hence men were warned to be careful. They were advised not to fall prey to charms of women. However this movement faded away gradually and in the modern time, the status and equality of woman has been recognized. In the United States of America this movement gained a lot of momentum and this country became one of the first few to consider woman equal to man in all respects.

Thus, the above survey reveals that in the Christian world woman has been the direct product of the basic assumptions of male-generated, oriented and dominated social values and has remained so for centuries. She was molded, reshaped and reoriented by man for the man. And her image has been in clear black and white - devoid of any grayness. She was seen either as the adulated goddess or a demon. The good ones are seen as sparklingly pure and the bad ones atrociously bad. Woman in any position is considered potentially dangerous to man, hence, a man has to be both wary of her and in control of her. Even television and cinema - the most modern, highly technological media - portray women in either black or white. There are Tulsis, Parvatis and Prernas on one hand and Payals, Pullavis or Kumolikas on the other. Though as a woman, I can vouch for it that none of us identifies with any one of the above. Women are mixture of the both – much more human than they are portrayed till date.

Fortunately, this extreme commitment to traditional outlook and the passive courage which has marked the life of woman is today crumbling down. The 'New Woman' is essentially a woman of awareness and conscious of her position in family and society. It is this awareness and enlightenment which has made her brood over her life for almost the first time in the society. The woman today is also consciously fighting with herself to get rid of the elements of passivity and meekness ingrained in her for centuries.

The emergence of the new woman is perhaps a direct outcome of the education given to her, education which was primarily given to make her a better informed wife and mother. This little freedom has brought her out of the cloistered, claustrophobic environment, to become useful citizen, serving the larger interest of society. The exposure to diverse fields of knowledge and constructive activity has instilled in woman an awareness of their skills and talents. Coupled with this consciousness is the woman's liberation movement which has given courage to her to question her circumscribed – sacred or demonic – image.

Today woman is busy reshaping herself in a more humanistic mold, emphasizing thereby the need for a thorough re-examination in depth of marriage and man-woman relationship, for a better understanding and sharing of mutual love and respect. But this is not to say that the problem is solved. Going to the root of the ailment is a step towards preventing the malady. Women today have been successful in identifying their problems, but have not yet been able to find solutions to all of them. The battle is only half won yet. The lines of Marcie Rendon with cutting pithiness lay bare the condition of women:

Jesus Christ wasn't born a woman Or he wouldn't have had time to be crucified.

REFERENCES

1. Dan Brown,The Da Vinci Code, Doubleday,New York 2003.
2. W.T.Stace. A Critical History of Greek Philosophy. Macmillan and Company, 1950.
3. Harold H. Titus, Ethics For Today, fifth edition. D. Van No Strand Company, New York, 1966.
4. L.T. Hobehouse, Morals in Evolution. Henery Holt and Company, New York 1906.
5 James Hastings Encyclopaedia of Religion and Ethics, Clerk& Co. New York 1955.
6. William Shakespeare, Hamlet (Act 1, Sc. 11).
7. Tennyson, The Princess, 1847.

15

DOMESTIC-VIOLENCE

Meenakshi Kaushal

Women's oppression, exploitation and victimization are not new stories in the male dominated patriarchal setup of our society. Domestic-Violence is all pervasive and rampant in India. In our patriarchal setup women are the most vulnerable, helpless and exploited victims of Domestic Violence. According to Sawapna Majumdar :

> Domestic Violence can be described as when one adult in a relationship misuses power to control another. It is the establishment of control and fear in a relationship through violence and other forms of abuse. The violence may involve physical abuse, sexual assault and threats. Sometimes it's more subtle, like making someone feel worthless, not letting them have any money, or not allowing them to leave the home. Social isolation and emotional abuse can have long-lasting effects as well as physical-violence.

Thus Domestic-Violence is the misuse of power and cruel exploitation of women psychologically, socially, financially, physically and sexually. National Crime Records Bureau has reported that number of the victims of domestic violence has increased from 125 in 2000 to 160 in 2005. In 2005 more than 19 women were murdered for dowry everyday, 50 were raped every day and 480 women faced violence every day.

According to the study of 2002, 45 percent of women are slapped, kicked or beaten by their husbands. India also had the highest rate of violence during pregnancy. Of the women reporting violence, 50 percent were kicked, beaten or hit when pregnant. About 74.8 percent of the women who reported violence have attempted to commit suicide.

But inspite of this data it is also a great truth that mostly Indian women remain silent about their suffering and abusive relationship. Many of them want to run away but they can't because of their children's responsibility and society which will not spare them.

In present scenario due to preference for sons and sex-detection before birth parents don't allow the daughter to take birth which is their first basic human right. Expectant-parents become the killers and consequently sex ratio is declining very speedily in North India. If any how a girl is able to take birth then parents, grand parents, relatives and all neighbourers cry at her birth. Infact in India women live in paradoxical situations in which they are worshiped and crucified at the same time. Even from the birth parents called daughters "Praayaa Dhan". Daughters are given education not for their self-sufficiency but for only good matches. If by chance a village girl wants to marry a boy of other caste she will be killed by her own brothers & father in the name of the prestige of the family. After marriage a daughter-in-law is burnt alive if she can not fulfil the expectation of greedy in laws. A married woman silently tolerates all the tortures. In some cases beautiful wives are compelled to entertain other men.

Innocent girls become the victims of rape which leaves them traumatized for the whole life. Moreover only a few rape cases are reported or highlighted; mostly they remain hidden in the dark recesses of the wounded-hearts.

Reported figures indicate a rape case after every 54 minutes. In the decade 1991-2001 there has been an alarming increase of 54.5 percent in rape cases. Today rape is done not only because of man's lust; rather it has become a manly way to take revenge. Moreover perpetrators are acquitted after long court battles and mortification and insult of victims.

Even in working places women are exploited and victimized. According to the survey of National Human Rights Commission at least 37% of working women in Calcutta are being sexually harassed by their seniors at their work places. The shocking increase in the violent crimes like rape, bride-burning for dowry, sexual-exploitation in working places, prostitution, Poronography, and female-feoticide are threatening to woman's existence in this world. Strangely enough according to the crime statistics the rate of increase in crimes against women is greater than the crime is general. But look at our society which is not tirred at the shocking increase rather our society does not acknowledge them as crimes. Social restrains, conventions, child marriages and family responsibilities stop the development of women in education, profession and career. The reason lies in patriarchal structure of our societies where women's subjection to men is very natural. Even Rousseau believed that wifely and maternal roles are the most appropriate roles for women and he pleaded for women's education only for the improvement in their skills to please men. He believed that women are not fit for civil-responsibility. Liberal feminists struggled a lot in their effort to establish the truth that women are also endowed with the reasoning faculty. In Eighteenth and Nineteenth centuries they fought for women's suffrage, Mary Wollstoncraft (1759-1799) was the first English Woman to demand the right to vote in her book Vindication of "The Right of Woman (1792)." Even in Eighteenth century she asked the women to get education as it is the only way to break the shackles and chains which are crippling the women. She believed that feminity is not a natural unalterable thing but depends on situation and training. Even she dared to suggest that if men swapped positions with women, it would become apparent that either sex can learn the characteristics supposed to be inherent in other sex. The example of Jhansi Ki Rani Laxmi Bai can certainly justify her claim. From the birth till death women are asked to follow the fixed and established custom and tradition set by the selfish males & patriarchal society. Otherwise the girls will be abandoned, murdered, or burnt. In such circumstances lack of education will deprive them of all the opportunities to liberate themselves. Economic independence is the first door step to women's progress. Virginia Woolf in Room of one's Own says "Why one sex is so rich and other is so poor?"

"Why did men drink wine and women water? Why was one sex so prosperous and other so poor? What effect poverty has on fiction? What conditions are necessary for the creation of art?"

Leave aside the empowerment, first of all women have to fight for dignified existence. Till now they are being exploited psychologically, socially, financially, physically and sexually. In the struggle for survivial only education and awakening among the masses can be their weapons.

All the Feminists believe that financial security is the only source of women-empowerment. But irony lies in the situation that educated-women are more prone to Domestic-Violence as they challenge the male-ego by refusing to be dumb-driven cattles. The studies carried out in the field of Domestic-Violence have proved this bitter reality as researchers have found that the highest rate of sexual violence is among the highly educated men.

In this connection Jyotsana Chatterjee, The Director of Joint Women's Programme said that Men have always been taught to perceive themselves as the superior sex and they use violence if they are contradicted and disobeyed by their equally qualified and learned wives.

The ratio of education years and percentage of men involved is sexual violence is given below:

The Men with Zero Education	-	32%
The Men with 1-5 years of education	-	42%
The Men with 6-10 years of Education	-	57 %

In addition to this grim reality Sexual Exploitation is 61% among The Highest-Income Group and 35% among The Lower-Income Group.

Domestic-Violence is devastating and disastrous for children as sometimes they also get hurt physically and mentally while witnessing it. In some cases children become violent when they grow or they develop some complex and consequently they become imbalanced personalities.

In African countries Female-Genital-Mutilation is another form of cruel domestic violence. Many girls are today compelled to adopt prostitution due to the pressure of their own parents, husbands and boy friends and as prostitution is illegal, prostitutes are unable to come forward for complaint. Pornography is also a kind of violence against women as it "glamorizes the degradation and maltreatment of women and assert their subordinate function as mere receptacles for male lust". Even remix songs, albums and advertisement seem to be in competition to present the maximum nakedness of woman's body. Strange thing is that society is accepting this in the name of fashion.

Since 1991 many legal steps have been taken to stop domestic violence but still it is on increase. In fact domestic violence can be stopped and eliminated if we will be able to change the attitude of the society. Women have to revolt against any type of exploitation, collectively. Only women can play the pivotal role in changing the present-scenario as home is the doorstep of education and all traditions are perpetuated by women. Moreover women have to change their own psyche which is responsible for foeticide, bride-burning, killing for honor, child marriages, domestic violence, prostitution, pornography and increasing nakedness in the name of fashion. Some times women are directly involved in these crimes and some times women are the silent spectators. All women should condemn and revolt against these crimes. They have to raise their voice against violence and they have to assert their rights. Empowered women have to save the helpless victims. Criminal should be highlighted and punished otherwise there is no future for women in India.

16

सन्त साहित्य में त्रिया चरित

देश कुमार 'पाण्डेय'

हिन्दी साहित्य भक्ति काल के दौरान, प्रभु प्राप्ति, दर्शन, यशोगान, लीलाओं आदि का वर्णन दो विधियों से, सगुण और निर्गुण धारा में प्रचुर मात्राा में भरा पड़ा है। सन्त की परिभाषा देना बहुत कठिन है। सन्त की अनन्त से तुलना की गई। जब परमेश्वर अनन्त है तो सन्त भी अनन्त है। अतः जो गुण परमेश्वर के होते हैं, वही सन्त के होते हैं। संतों का ज्ञान आप्तकाम तत्त्वदृष्टि प्रज्ञा से सक्षम होता है जिसमें गम्भीर चिन्तन एवं साधना द्वारा उत्पन्न वैदिक और लौकिक अनुभूतियों का सार होता है। अतः उनके द्वारा रचित काव्य एवं साहित्य भी सार्वभौमिक एवं सार्वकालिक होता है।

विश्वविद्यालयों एवं महाविद्यालयों की चारदीवारी में बैठ कर, पल्लवग्राही पांडित्य का प्रदर्शन करने वाले तथा कथित अनुसंधानकर्त्ताओं द्वारा, त्रिया चरित की व्याख्या करना एक बहुत कठिन कार्य है और वह भी सन्त काव्य/साहित्य काव्य की। प्रत्येक अवतारी पुरुष के लिए नारी सदैव आदरणीया एवं संरक्षणीया ही नहीं बल्कि वन्दनीया, पूजनीया भी रही। गुरूनानक देव जी के शब्दों में –

ता किउं मन्दा आ़खिये, जिन जमिया जाहान।

अतः सन्त साहित्य में त्रिया चरित पर दृष्टि डालना, मेरे जैसे अल्पज्ञ द्वारा अपनी कुंठित बुद्धि द्वारा अपनी अल्पज्ञता ही प्रकट करना है। फिर भी नारी जाति पर कुछ भी कहने से पहले दैनिक जीवन के विधान में वेद की शिक्षा 'मातृ देवो भव, पितृ देवो भव ---' आदि में सर्वप्रथम स्थान मातृशक्ति को दिया गया और मनु द्वारा यह घोषणा 'यत्रार्नायास्तु पूज्यन्ते रमन्ते तत्र देवता' को ध्यान में रखना आवश्यक होगा।

वैदिक काल से ही नारी जाति के, परम पुनीत पवित्र आदर्श तथा सामाजिक, सुव्यवस्था युक्त सुविकास के प्रत्येक क्षेत्रा में महानतम कृत्यों का दर्शन होता है किन्तु दुर्भाग्यवश मध्यकालीन साहित्य में नारी जाति के साहस तथा विवेकपूर्ण, आदर्शमय जीवन की उपेक्षा की गई तथा विवेकहीनता के प्रभाव ने पुरुष वर्ग में निहित पैशाचिकवृत्ति को प्रबल बना दिया। परिणामस्वरूप नारी जाति को जीवन में सुदृढ़, सुशिक्षित तथा सामर्थ्ययुक्त बनाने वाले सम्पूर्ण साधनों से वंचित कर दिया गया। अनभिज्ञ, असमर्थ तथा अपमानित माता की सन्तान कभी भी अभिज्ञ, सामर्थ्ययुक्त होकर स्वाभिमान की सुरक्षा में सक्षम नहीं हो सकती। उसका प्रतिफल यह हुआ, इस महान भारतीय संस्कृति का ह्रास एवं श्रेष्ठतम हिन्दू जाति का पतन।

संतों ने गृहस्थ जीवन में रहते हुए, परिवार जिसे समाज की सुदृढ़ नींव कहा जाता है, कहीं भी कभी भी नारी के प्रति अपमानित, घृणित, निन्दित शब्दों का प्रयोग नहीं किया। यदि कहीं कुछ हमें अपवाद दिखाई देता है तो हमारी लोकसम्मत भावना का प्रतीक हो सकता है परन्तु वेदसम्मत नहीं। **देशकाल, कर्म स्वभाव, अवसर के अनुसार त्रिया चरित वेदसम्मत और लोकसम्मत आधारों पर वर्णित किया गया।** जब हम इस आधार को छोड़ कर विचार करते हैं तब हमें त्रिया चरित पर सन्देह होता है। यह हमारी केवल लौकिक बुद्धि का परिणाम है। इस दृष्टि से सन्तों में सन्तवर गोस्वामी तुलसी दास' जी द्वारा रचित साहित्य त्रिया चरित, तथाकथित विद्वानों में काफी

आलोचना का विषय रहा जो सात्विक एवं वैदिक दृष्टि से कतई भी हीन–भावना से युक्त नहीं है। हां, लोक भावना से भी, यदि कहीं विरोधभास झलकता है तो वह चरित, हर समय, हर नारी वर्ग पर लागू नहीं हो सकता।

शिव–पार्वती संवाद, राजा दशरथ कैकेई संवाद, सती अनुसुइया–सीता संवाद कुछ ऐसे अवसर आये, जहां त्रिया चरित पर प्रश्न उठने शुरू हुए। जबकि रावण मन्दोदरी संवाद, तारा–बाली संवाद में भी यहां तक कि आसुरी वृत्तियों वाले समाज में भी सुयोग्य नारियों का चरित्र अति सुन्दर ढंग से वर्णित किया गया। सनातन संस्कृति की गौरवपूर्ण प्रतिष्ठा में स्वीकृत नैतिक मूल्यों में वेदमत तथा लोकमत दोनों का ही महत्वपूर्ण स्थान है। अतः जहां कहीं भी सन्त साहित्य में लोकमत की बात कही, वहां पर तत्कालीन समाज में प्रचलित मान्यताओं से उसका अभिप्राय नहीं होता, यह एक सूक्ष्म विचार है। इतना ही नहीं कहीं भी सन्त साहित्य में त्रिया चरित की हीनता का पर्दाफाश करने का कोई भी प्रयास नहीं हुआ।

एक छोटा सा उदाहरण आज की निम्न धारणा का इतना ही बहुत है कि नारी को भोगविलास की वस्तु मानकर विभिन्न प्रकार के विज्ञापनों में प्रदर्शनी के रूप में दिखाया जाता है। उसका सम्बन्ध जोड़ दिया जाता है, मानस के किसी न किसी प्रसंग के साथ ? इतना बड़ा अन्याय किया जाता है, सन्तों के साथ?

एक बात जो बड़ी अहम, विचारणीय है, वह यह है कि सन्तों के लिए भक्ति सर्वश्रेष्ठ साधन रही है और रहेगी। यदि भक्ति में कोई भी वस्तु साधन बाधक बना तो वह सन्तों की दृष्टि से हीन समझा गया। जब कहीं ऐसी परिस्थितियाँ आईं तब सन्तों ने यदि कहीं कुछ ऐसी बात कही जो हमारी दृष्टि से गलत हो सकती है, परन्तु वैदिक एवं लौकिक दृष्टि से कभी भी असत्य नहीं हो सकती, वही चर्चित विषय बन गया।

चन्द एक उदाहरणों पर दृष्टिपात करना आवश्यक समझता हूँ ताकि त्रिया चरित की गहराई तक पहुंचा जा सके। शिव पार्वती संवाद की जड़ में संशय, सन्देह की मनोवृत्ति है जिसे गीता में 'सशंयात्मा विनश्यति' कहा गया। संशय होना केवल नारी में ही नहीं, पुरुष में भी सम्भव है। जैसा कि अपने विषय को स्पष्ट करने से पूर्व लोकसम्मत बात पर विचार, अहम भूमिका निभाते हैं, वे विचार थे – (1) पति की सर्वज्ञता को जानते हुए भी उसमें सन्देह (2) सर्वज्ञ से भी दुराव की भावना (3) पति से मिथ्या भाषण आदि कुछ ऐसे कृत्य हैं जो भवानी के लिए, दक्षसुता के लिए अशोभनीय है। इसमें निन्दा की भावना नहीं। गोस्वामी जी द्वारा सारे कृत्यों को नारी स्वभाव कह कर समाधान कर लेना उचित नहीं है।

एक और बात संस्कृत साहित्य में नारी को प्रकृति का प्रतिनिधि माना गया है। अतः नारी में ह्रदय की प्रधानता होने से प्रकृति के नैसर्गिक गुण अधिक है। प्रकृति के साथ नारी की केवल इतनी समानता है कि वह स्वभावतः परार्थ होती है क्योंकि माँ है। स्वार्थ में सृजन नहीं हो पाता साथ ही अनास्था पैदा हुई, इसलिए नारी की महत्ता आस्थावान होकर स्वयँ को सृजन में समर्पित करने में निहित है। प्रकृति के साथ नारी के इस साम्य को आगे चलकर विकृत कर दिया गया और प्रकृतिवत जड़ता, अज्ञानता की मूर्ति बना दिया।

सन्तों द्वारा त्रिया चरित के दो रूप सामने आते हैं। एक विद्या और दूसरी अवद्यिा। कहीं कहीं भक्ति और माया का भी नाम दिया गया। जो त्रिया चरित के पीछे गहरा तत्व छिपा है। पति–परायणा, निष्ठावान, स्थिर मति, धैर्यवान, शील सम्पन्ना नारी भक्ति एवं विद्या का प्रतीक, जबकि कुटिला, कलह परायणा, पति–वंचिका, स्वेच्छाचारिणी, अविद्या और माया का रूप रही। यही त्रिया चरित का सार है। अगर कहीं जड़ समुद्र, मंथरा और कैकेयी चरित में सन्त तुलसीदास जी नारी के प्रति कुछ अशोभनीय शब्द प्रयोग किये तो वे नारी जाति के स्वभाव के परिचायक हैं। कैकेयी के प्रति 'तीय अधर बुधरानि अर्थात

अस्थिर बुद्धि वाली स्त्री' कह कर सभी स्त्रियों की बुद्धि अस्थिर होती है, यह हमारी मिथ्या कल्पना है। हाँ, इस बात को झुठलाया नहीं जा सकता कि बहुधा संख्या स्त्रियों की ऐसी होती है। यह एक सार्वभौम सत्य है कि नीच की संगति या उसका विश्वास मनुष्य को कभी भी उत्थान की दशा में नहीं ले जाता। कुल मिलाकर कैकेयी निन्दा की पात्रा अपने पुत्र भरत और अयोध्यावासियों के कारण बनीं न कि सन्त की दृष्टि से।

एक प्रसंग – पीपा महाराज के यहां साधु आए। घर में खिलाने को कुछ नहीं था। उन्होंने पत्नी से कहा, 'हमारे घर साधु आए हैं, उन्हें कैसे खिलाएं?' आंगन से साधु भूखा जाये तो सौराष्ट्र का गौरव चला जाए।

पत्नि बोली, 'मेरी शादी के समय जो जोड़ा मैंने पहना था, वह जोड़ा मैंने आज पहनने को निकाला है, बाकी तो सब कुछ बिक गया है। अतः मैं यह कपड़े उतार देती हूँ, इन्हें आप बेच आओ।'

सन्त पीपा जी ने कहा, 'तू क्या पहनेगी? वह बोली–अनाज भरने वाली कोठी में बैठ जाऊँगी। जब भगवान कपड़े देंगे बाहर आ जाऊँगी। पर आँगन में आया साधू भूखा नहीं जाना चाहिए।'

स्त्री ने कोठरी में जाकर एक एक कपड़े उतार कर दे दिये। फिर पति से प्रार्थना की–'स्वामी ! साधु जब भोजन करने बैठें, तब अनाज की कोठी में अनाज निकालने के लिए जो छेद है, उसके सामने बिठाना, जिससे मैं छेद में से साधु का दर्शन कर सकूं।'

धन्य है, वह सन्तों की सहधर्मिणयां, जो साधारण त्रिया चरित में रहती हुई असाधारण एवं अलौकिक चरित करती हुई परम आस्था, परम आदरणीया, परमवन्दनीय बनीं रहीं।

आचार्य कौटिल्य ने नारी को श्रेष्ठ रत्न कहा है–'न स्त्रीरत्नसमं रत्ना' स्त्री रत्न के समान कोई रत्न नहीं। जिसका सौन्दर्य तथा तेजस्विता चित्त के लिए आकर्षक हो, जो अपनी तेजस्विता आदि से

समाज को सौन्दर्ययुक्त बनाया हो, वही रत्न कहलाता है। अतः ऐसी नारी को श्रेष्ठ रत्न समझना चाहिए।

एक प्रसंग सन्त तिरूवल्लुवर जी के बारे में अवश्य सभी पाठकों के मध्य रखना चाहूँगा। सन्त तिरूवल्लुवर जब भोजन करते तो अपने पास, एक सूई और एक कटोरी में जल रख लिया करते थे।

काफी समय बीत गया परन्तु उनकी पत्नी को यह राज समझ न आया। एक दिन उन्होंने आग्रहपूर्वक पूछ लिया, 'स्वामी ! मेरा अन्तिम समय आ गया है। मेरे सन्देह को दूर कीजिए। इस सूई और कटोरी में जल का राज क्या है? बता दीजिए।'

सन्त जी ने कहा, – 'हे प्राणप्रिये ! मैं यह सूई और जल इसलिए रखता था कि कहीं कोई चावल या भोजन का टुकड़ा, थाली से इधर उधर नीचे गिरे तो मैं उसे सूई से उठाकर, जल में धोकर खा लूँ ताकि तुम्हारे पवित्र हाथों से बना भोजन बेकार न जाये।'

यह उत्तर सुनते ही सन्त तिरूवल्लुवर की पत्नि प्रेमामग्न हो गई। परमानन्द के कारण प्रेमांसू रुकने का नाम नहीं लेते और संत जी कहे जा रहे हैं – 'तुमने मुझे इसके प्रयोग का कभी मौका नहीं दिया। अब मैं इनका भी त्याग करता हूँ।'

उपसंहार

सन्त कोई कवि या लेखक नहीं। वह अनन्त का प्रतिनिधि होता है। निरन्तर अनन्त के साथ जुड़ा हुआ निरन्तर साधनारत रहता है। उसकी वाणी दैवीय, आकाशवाणी हुआ करती है। भक्ति मार्ग पर चलते समय, हर आने वाली बाधा के प्रति अरुचि होती है। सभी सन्त कवियों ने गृहस्थ जीवन अति सुन्दर ढँग से बिताया। जिन नारियों को सन्तों की अर्धागंनी, सहधर्मिणी बनने का सुअवसर मिला, वे पूजनीया एवं वन्दनीया हैं। देश, समाज की प्रगति में परिवार एक सुदृढ़ इकाई है, जो नींव का काम करती है। नारियों की भागीदारी, सर्वश्रेष्ठ होने के नाते, सर्वश्रेष्ठ समाज बनाने के लिए, सर्वश्रेष्ठ पुत्रों

की माँ, भगिनि, पुत्री, पुत्रवधू आदि बनकर वैदिक और लौकिक दृष्टि से सर्वश्रेष्ठ उन्नत देश बनाने में सदैव सर्वश्रेष्ठ रहेगी।

कुल मिलाकर त्रिया चरित देश, काल, स्वभाव, अवसर के अनुरूप क्रियाएं होती हैं। सन्तों की वाणी या साहित्य में कहीं भी लोकमत और वेदमत के विपरीत कोई भी घटना/पात्र/वस्तु का उल्लेख माया और अविद्या, नारी के दो रूपों का उल्लेख करता है। इसी सन्दर्भ में त्रिया चरित को समझने में ही सन्त साहित्य की महत्ता निहित है।

17

WOMAN- A TRIBUTE

—Sushma Sharma

According to mythology people have always seen in women a unique blend of all three forms of god-hood; Trimurti of Indian mythology, a unique blend of all three forms of god hood i.e. the creator, the preserver, the destroyer of evil. The ultimate symbol of knowledge, power and plenty are also three female goddesses, Saraswati, Shakti and Lakshmi. It is therefore not surprising that four of the most unique relationships, viz., the mother, the sister, the daughter and the wife all revolve around women. As a mother the woman is the beginning of all that exists and all that grows. She symbolizes creation and progress. She is the giver of life, in itself a miracle of miracles.

The great Indian sage Manu said about the high status of women in the society :

> The home where there is respect for women is like the abode of gods themselves; but where there are not respected, all other forms of worship are fruitless. There can be no doubt that the women are the nucleus around which the human race has risen. A care for humanity, which is an essential quality of women, has brought to it to the path of progress, sustained it and is taking it forward. If the existence of the mankind can be

attributed to one single factor that factor, undoubtedly is the woman. Without women there would not have been any life.

The most visible imprint of women in the evolution of man has been in the field of culture. The two are more or less synonymous. The cultural history of mankind is infact the story of the evolution of women and at any given time it is their placement in the cultural fabric of any society that is a barometer of its cultural advancement. Women have been the centre of all socio-cultural activities. Cultural changes in the course emergence of different races and groups are nothing but the changes in the style of behavior their women. One can easily distinguish among the different cultural standings of various societies by observing the customs and practices, social and religious followed by their women folk. If they are hardworking, the unit is bound to be developed and progressive one. If they're educated, the place would necessarily be one of the high levels of achievement in the literary field. The marked difference between the East and the West, especially in the cultural field is a difference in the way the women and the two cultures behave and conduct themselves in the socio-religious context. The Western culture is extrovert, flashy and unstable because both men and women have started competing in the same areas of activity thereby leaving gaps in the social; and family side. The bonds of home and family with properly shared and well demarcated responsibility have broken down. On the other hand, the east is still maintaining there traditional divisions of responsibility with the women being mainly responsible for managing the homes and for looking after the cultural side of the society. This is the reason for the stability of the culture of the east. The reason for this leading role played by women are not far to seek. Since the very childhood the greatest influence on a man is that of women as mother and the influence continues subsequently also through the various roles that women play in a man's life. As the first teacher it is the mother who has the greatest contribution in the man's making and ultimately he will become what she makes of him.

Religion itself is a meaningless entity without a feminine appeal. The quality of gentleness, tolerance, fairplay, patience and perseverance and kindness are all gifts of female sex and these are the qualities which have sustained all religions. It is as though women are the physical embodiments of all that is good in religion. That is why Manu said, - "worship of women is worship of God". Women play a dominant role in the development and spread of religion.

The field of art and literature is unconceivable without women. Aesthetics is behind the emergence of these subjective creations of the human mind and there would not have been any aesthetics if for some reasons women had not existed. Woman is the source of inspiration for the very concept of art and literature.

The importance of that half of mankind which has been responsible for the whole has played a key role in the evolution of mankind. It is because of qualities of compassion , selflessness, devotion and a sense of self-effacememnt and the ready quality of shouldering responsibility, that women have developed a special kind of aura around their personality. This inborn beauty in women is constantly exhibited by all women. This inner beauty is universal, that is why beauty and women have become synonymous. Physical beauty is always born out of the spiritual beauty and out of inner beauty (of mind and heart) and since the women have the latter they have essentially acquired the former. It is a case of a beautiful soul and a beautiful body like a healthy mind in a healthy body.

It is a small wonder, therefore the society decided to entrust to them the lead in all social respects. The social affairs of a family or a tribe or a nation have always been fully managed them. No social or religious function is complete without the participation of the women of the family who take a prominent part in all the ceremonies. Social status of any society is determined by the social status of their women. It becomes what the women make of it. They mould the children, the future of the society. Women are makers of society and they set values for it.

It is in this respect that women have become symbols of honour and prestige of any society which has in turn tried ceaselessly to protect them. An attack on the women had always been considered as an attack on the society itself and has always been tried to be prevented and avenged with the determination unmatched in other matters. Women are guaranteed total safety and protection by all societies. .

It is a tribute to the living race that the contribution by them for the well-being of the society doesn't belong to any particular individual or some groups or merely a few thousands but to each and every individual woman. Such consistent dedication and sense of purpose is one of the high points of those numerous traits of women which single them out as subjects of appreciation and respect. They have amazing capacity and ability to handle a number of situations at the same time.

As mothers represent the unfathomable depth of human sentiments, as sisters they have risen to the useable heights of the finest human values of selfless affection and sacrifice. This is the most permanent of all the bonds of among living beings and while all other bonds can be shared, this particular one is invisible, unbreakable and undiminished in time and space. But most tender manifestation of the entire range of human relationships is symbolized by women as daughter. It is this relationship which has helped the human race to keep its head high and its heart warm and to realize the virtues of tender humility. Human beings learn to appreciate values like total sacrifice without expecting anything in return. It is the most growing human relationship with a godly aura around it and is the envy of even the Gods. Still, the most enduring qualities of women are their ability to adjust and adapt themselves to almost any situation. It is best seen in women in their role of wife. There are several occasions like marriage, child-birth, personal tragedies and economic stress when these qualities of self –denial and adjustments are in evidence in the life of a woman. It is because of such qualities that women succeed in making wonderful companions. In companionship they lay foundations of a happy family life and consequently those of a healthy society. It is in this task that they rise to the glorious heights of womanhood.

Unfortunately, these noble qualities of self-denial and selflessness are often misunderstood as weakness in women instead of the strength of their character without which the family would not have survival and consequently the society sage Daksha, one of the originators of the ancient social codes, said: “The basic purpose of making a home is to be happy and the wife is the root of this happiness at home”.

Women have played a pivotal role in managing, maintaining and guiding and even in progress and attainment of higher goals in society. The social standing of a family in society has been determined by the social conduct of its women and people everywhere owe their social rise to their women. While this role of the women in preparing the children of the family for future may not be so apparent in the context of ultimate economic achievements in life yet it can’t be denied that without these efforts in social development it would have been impossible for women to achieve any economic success, not to talk of economic miracles. Thus, woman is the sustainer of human life on earth.

So where is the need of consciousness in women who are already so aware? The modern education has brought about several fundamental changes in the outlook of men and women. To men, it has brought a new conception of the world of its material resources, ethical standards and political possibilities and to the women it has brought slowly but potentially a new conception of themselves. If men have started reassessing themselves as citizens of new world, women have started reassessing themselves as human beings in a new social order. Educated women have developed a sense of nationhood due to higher education and influence of western culture (liberalism). They can inspire people by their voice and by working towards betterment of their own nation/world. However, there is a need for a new value orientation in the subjects- social, legal and national problems. The educated woman's attitude is changing on modern lines with respect to global consciousness and the prevailing social context. They can be polite but firm, soft but assertive. We have to prove ourselves just to ourselves then to the world for this even. Upbringing style and scenarios also should change. To be constantly persuasive and focused. First, prove yourself and then demand.

O Goddess, every woman is a living manifestation of your universal existence. I bow to thee, I bow to thee, I bow to thee.

18

नारी चेतना एवम् भारतीय स्वभाव

चन्द्रकान्त

भारतीय समाज में अनादि काल से ही नारी को एक अविभाज्य अंग के रूप में स्वीकृति प्रदान की गई है। वैदिक काल के अन्तर्गत नारी में शील और सौजन्य का वह आदर्श रूप मिलता है जो मर्यादा का प्रतीक रहा है। ऋग्वेद में नववधु को गृहसाम्राज्ञी के रूप में प्रतिष्ठित किया गया है।[1] ऋग्वेद 3.53.4 में स्त्री को ही घर कहा गया है। एक ओर उसे पति, सास–ससुर आदि की सेवा–शुश्रूषा तथा उनकी देख रेख का उत्तरदायित्व दिया जाता है, तो दूसरी ओर उसे गृह–स्वामिनी के रूप में सास–ससुर, ननद आदि की साम्राज्ञी कहा गया है।[2]

स्त्री सहधर्मिणी होती है। उसे अर्धांगिनी कहते हैं।[3] इसलिए पत्नी के बिना यज्ञ अपूर्ण माना जाता है।[4] ऋग्वेद में स्त्री का गौरव बताते हुए उसे "ब्रह्मा" कहा गया है।[5] इसका अभिप्राय यह है कि वह ज्ञान में उत्कृष्ट होती है। वह बालकों के शिक्षण के अतिरिक्त यज्ञ मे भी ब्रह्मा का स्थान ग्रहण कर सकती है और विभिन्न संस्कार करा सकती है। वेदों में इन्द्राणी को आदर्श नारी के रूप में प्रस्तुत किया गया है। उसका कथन है कि मैं समाज में मूर्धन्य हूँ। मैं अग्रगम्य हूँ और मैं प्रखर वक्ता हूँ।[6] इन्द्राणी का ही कथन है कि कोई मुझे अबला न समझे, मैं सबला हूँ और वीर पुत्रों की जननी हूँ।[7]

वेदों में नारियों के शौर्य की बहुत चर्चा है। तैत्तिरीय ब्राह्मण में इंद्राणी को सेना की देवता कहा गया है। साथ ही यह भी कहा गया है कि ऐसा करने से सेना के शौर्य में निखार आता है।[8] इंद्राणी को सेनानी बताते हुए कहा गया है कि वह अजेय और अधृष्य है।[9] इंद्राणी के लिए कहा गया है कि वह शत्रुसेना को काटती हुई आगे बढ़ती है।[10] ऋग्वेद में स्त्री सेना का भी उल्लेख है। असुरों ने स्त्री–सेना को आगे किया।[11] ऋग्वेद में वर्णन है कि शत्रुओं से युद्ध करते हुए विश्पला का पैर कट गया था। अश्विनी कुमारों ने उसे नकली लोहे की टांग लगा दी और वह फिर युद्ध में भाग ले सकी।[12]

वेदों में मंत्रद्रष्टा ऋषि के रूप में भी उनका योगदान स्पृहणीय है। 422 मंत्रों की द्रष्टा ऋषिकाएँ हैं। इनमें विशेष उल्लेखनीय ये है – इंद्राणी, शची, अपाला, घोषा, काक्षीवती, लोपामुद्रा, श्रद्धा, कामायनी, वाग् आम्भृणी, सूर्या सावित्री, विश्ववारा, आत्रेयी, उर्वशी, अदिति। उपनिषद् काल की नारी अध्ययनशीला के रूप में देखी गई। दर्शनशास्त्र की मर्मज्ञ विद्वषी गार्गी ने राजा जनक के दरबार में, अत्यन्त ज्ञानी महर्षि याज्ञवल्क्य से शास्त्रार्थ की कामना की थी। महाभारत के अनुसार स्त्री पति की कल्याणकारिणी और सखी है। वाल्मीकि की सीता–राम, शिवमहापुराण की शिव–शक्ति ब्रह्मा की वह शक्ति है जिसमें सम्पूर्ण जगत समाहित है। मनुस्मृति में कहा गया है कि "यत्र नार्यस्तु पूज्यन्ते रमन्ते तत्र देवता"।

वात्स्यायन के काम–सूत्र के अनुसार सकल कलाओं से विभूषित गणिकाएँ भी समाज में आदर पाती थी। मृच्छकटिक की वसन्तसेना इसका उदाहरण है। संक्षेप में नारी का सांस्कृतिक स्वरूप अतुलनीय है। संसार विजय का स्वप्न देखने वाले महान शूरवीर नेपोलियन ने तो स्वीकार कर लिया था कि बच्चों का भावी भाग्य सदा माता के कार्य पर निर्भर करता है। आज तक जो मैंने किया, अथवा भविष्य में करने की आशा है वह केवल मेरी माता की पवित्र शिक्षा का फल है। कदाचित् मध्यकाल में भारतीय नारी के गौरवमय स्थान को भारी ठेस

पहुंची। आधुनिक समाज में यह कैसी विडम्बना है कि जहाँ कभी वह माँ, बहन, पत्नी है, सुख–दुःख की साथी है, एक देवी के रूप में पूजी जाती है, वहीं स्त्री का इतना निरादर और इतनी दुर्गति।

आज कन्या को शिक्षा भी माता–पिता के लिए बोझ समझी जाती है। कन्या को दूसरे घर जाना है इसलिए इसकी शिक्षा पर हम पैसे खर्च क्यों करें? हमें इसका क्या फायदा होगा। यह विचार बहुत सामान्य है। पुत्र की शिक्षा व खान–पान पर खूब खर्च किया जाता है, क्योंकि वह वंश को आगे बढ़ाने वाला, उनको कमा कर देने वाला, मृत्यु के पश्चात् मुखाग्नि व श्राद्ध तर्पण आदि द्वारा उनको मोक्ष प्राप्ति कराने वाला समक्षा जाता है। इसी प्रकार की सोच कन्या भ्रूण हत्या के लिए उत्तरदायी है। बीते कुछ वर्षों को केन्द्र सरकार सहित सभी राज्य सरकारों ने नारी सशक्तिकरण के रूप में मनाया है। अनेक कार्यक्रम आयोजित किए जाए या कहें कि नारी सशक्तिकरण की आड़ में अपनी रैलियाँ की गई और नारी के लिए बने कानूनों की याद दिलाई गई। लेकिन थोथी बयान–बाजी समाज में नारी की वास्तविक स्थिति को छुपा नहीं पाई। ऐसा नहीं है कि बीते वर्ष में नारी से बलात्कार, छेड़कानी, दहेज हत्या, भ्रूण या फिर अन्य तरह के अपराधों में कमी आई हो। लेकिन कुछ घटनाएँ ऐसी होती हैं जो अपने आप में पूरी व्यवस्था की नंगी तस्वीर होती है और किसी भी संवेदनशील व्यक्ति के अन्तर्मन को झकझोरे बिना नहीं रहती। जेसिका लाल के साथ कानून ने क्या न्याय किया है सभी के सामने है। दिल्ली की सड़कों पर हर दो सेकेण्ड में एक छेड़छाड़ की घटना होती है और हर मिनट में एक बलात्कार और अगले दिन वे घटनाएँ अखबार के किसी कोने में थोड़ी सी जगह पाकर दम तोड देती हैं।

पहले तो लोकलाज के डर से कोई नारी जुबान खोलने से डरती है। अगर साहस करके अदालत के दरवाजे तक वह पहुँच भी जाती है तो बलात्कार को थाने में दर्ज करवाने से लेकर अदालत में सिद्ध करने तक अनेकों बार पुलिस, वकील और स्वयं जज तक के शब्दों से उसे बार–बार बलात्कृत होना पड़ता है।

महिला सशक्तिकरण वर्ष मनाने के पश्चात् नारी में कितनी शक्ति का संचय हुआ है, कठिनाइयों से जूझने की कितनी सामर्थ्य संजो ली है, साक्षरता का प्रकाश कितनी भाग्यशाली बहनों को किसी विशेष व्यवस्था के अन्तर्गत प्राप्त हुआ है। इनके आंकड़े शायद संतोषजनक न हो परन्तु बीते छह महीनों में नर–पिशाच की हवस का शिकार हुई एक साल की बच्ची से लेकर युवतियों, वृद्धाओं तक हर आयु वर्ग की महिला की संख्या को देखकर, दहेज की भटट्री में झुलसी बहुओं की चीत्कार को सुनकर जन्म से पूर्व ही मृत्यु का शिकार हुई बेटियों की कुचली जाती भ्रूणों का अवलोकन कर पुरुष प्रधान समाज में विभिन्न प्रकार के सामाजिक, आर्थिक एवं पारिवारिक क्षेत्रों में उत्पीड़ित हो रही शिक्षिक एवं अनपढ़ महिला एवं किशोरी की दयनीय स्थिति को देखकर संवेदनशील नागरिक रक्त के आँसु बहाए बिना नहीं रह सकता।

नोबेल पुरस्कार विजेता अमर्त्यसेन ने नर एवं नारी में असमानता के सात प्रमुख कारणों का उल्लेख किया है। जिनके आधार पर उन्होंने "महिला लुप्त" होने की एक नई सोच विश्व को दी है। ये सात असमानताएँ नैतिकता, बुनियादी सुविधाएँ, विशेष अवसर, व्यवसाय, प्रभुत्व अधिकार एवं कुटुंब से संबंधित है। इसलिए सन् 2001 को महिला सबल होने को हमने समर्पित किया।

जीवन में नारी की प्रगति समाज की उन्नति का शुभ लक्षण है। किन्तु भारत के सन्दर्भ में बाल–विवाह, वृद्ध विवाह, सती प्रथा, दूल्हन दाह जैसी भयंकर प्रथाएँ अब भी प्रचलित हैं। अब हम विचार करें कि कानून की वर्तमान स्थिति क्या है :–

(क) प्रावधान 1. संविधान की धारा 45 के अन्तर्गत 6–14 वर्ष के सभी बच्चों को 1960 तक अनिवार्य एवं निःशुल्क प्राथमिक शिक्षा उपलब्ध करवाने की संवैधानिक प्रतिबद्धता थी। 2. धारा 15 के अधीन लिंग भेद अपराध है। 3. धारा 42 के अधीन मातृत्व सुविधा की व्यवस्था है। 4. धारा 51(क) के मौलिक कर्त्तव्यों के अन्तर्गत महिला की मर्यादा की रक्षा, लिंग–समानता, यौनिक प्रताड़ना पर दण्ड

की व्यवस्था। 5. संवैधानिक संशोधित धारा 74–74 द्वारा स्थानीय स्वशासन में 33 फीसदी आरक्षण की व्यवस्था होगी। 6. 1975 में भारत सरकार ने एक समिति का गठन किया था जिसकी रिपोर्ट 'समानता की ओर' में महिलाओं पर हो रही सामाजिक, आर्थिक असमानता एवं अन्याय के आँकड़े रोंगटे खड़े कर देने वाले है।

मौजूदा स्थिति

सन् 1901 में भारत में 1000 पुरुषों के पीछे 972 महिलाएँ थीं जबकि 2001 में यह संख्या 933 हो गई। चंडीगढ़ जो शिक्षा के क्षेत्र में काफी आगे है, महिला संख्या में काफी पीछे है अर्थात् 1000 पुरुषों के पीछे 773 महिलाएँ हैं। पंजाब, हरियाणा जैसे राज्यों में भी पुरूषों की तुलना में नारी की संख्या शोचनीय दशा तक नीचे गिरी है। तमाम महिला सम्मेलनों तक खोखली नारेबाजी तक का मकसद राज सत्ता द्वारा अपना काला महिला विरोधी चेहरा छुपाने की कोशिश भर है।

आज हमारे देश में महिलाओं के सामने दो प्रवृत्तियाँ भयानक खतरे के रूप में खड़ी है–एक भूमण्डलीकरण और दूसरा साम्प्रदायिक फासीवाद। पिछले दस वर्षों से भी पहले शुरू की गई आर्थिक नीतियाँ आज महिलाओं के हर तबके को प्रभावित कर रही है। शहरों में पुरुषों के मुकाबले कम वेतन भी महिलाओं की स्थिति को बिगाड़ रहा है। सामंती और साम्राज्यवादी संस्कृति का मिश्रण आज टेलीविजन के माध्यम से घर–घर मे घुस चुका है। लगभग सभी फिल्मों व धारावाहिक में महिला को एक आदर्श बहू के रूप में पेश किया जाता है जो हमेशा "घर की मर्यादा" की रक्षा करती है। उसे एक आदर्श माँ के रूप में दिखाया जाता है जो अपने बेटे को अव्वल नम्बर पर देखना चाहती है, बेटी को नहीं। इस रूप में ये कार्यक्रम जहाँ गले सड़े सामंती मूल्यों को मजबूत करते हैं, वहीं विज्ञापन महिलाओं को मात्र उपयोग की वस्तु बनाकर बहुराष्ट्रीय कम्पनियों के वारे न्यारे करते हैं।

महानगरों में इलेक्ट्रॉनिक मीडिया की तथाकथित क्रांति ने महिलाओं को "सैक्स सिम्बल" बना छोड़ा है। हमारे देश में साम्प्रदायिक तत्त्व भी

दूसरे धर्म की स्त्री से बलात्कार व अन्य जुल्म कर अपने धर्म की जय का नारा लगाते हैं ऐसी घटनाएँ पिछले समय में बढ़ी है। साम्प्रदायिक दंगों में इसकी भयंकर तस्वीर उभरती है क्योंकि महिलाएँ, बच्चे व गरीब ही दंगों का शिकार होते हैं। गुजरात नरसंहार इसका ज्वलन्त उदाहरण है। जहाँ गर्भवती महिलाओं के पेट काट दिए गये। "महिला आरक्षण बिल" पर केन्द्र के एक मंत्री ने कहा कि अगर महिलाओं के लिए 33 प्रतिशत आरक्षण कर दिया गया तो घर में रोटी कौन पकाएगा।

इन समस्याओं के होने के पीछे नारी वर्ग भी उतना ही जिम्मेदार है जितना पुरूष वर्ग। इन तमाम घटनाओं और आज की इस व्यवस्था को देखने से तो नारी सशक्तिकरण की बात केवल और केवल तुच्छ साबित होती है। महिलाओं को कभी यह भ्रम नहीं पालना चाहिए कि सम्मेलनों, संगोष्ठियों से महिलाओं के प्रति अत्याचार बंद हो जाएगा। महिला मुक्ति की अनिवार्य शर्त है उसे उत्पादन के तमाम साधनों में बराबर का अधिकार मिलना चाहिए। महिलाओं को अपनी मुक्ति की अनिवार्य शर्त को पहचानना होगा और इस शोषणकारी व्यवस्था की जड़ पर चोट करनी होगी। नारी अपनी शर्म के आँचल में लिपटी स्वय को घर पर ही सुरक्षित महसूस करती है। जबकि उसकी यह प्रवृत्ति उसके भविष्य के लिए घातक है। नारी को आज अपनी भावनाएँ मन में दबाकर नहीं रखनी चाहिए। उसे स्वयं को इस प्रतियोगिता के युग में न केवल बढ़ना है बल्कि दौड़कर प्रतियोगिता को जीतना होगा। महिलाओं का सार्वजनिक एवं राजनैतिक क्षेत्रों में कम प्रतिनिधित्व नारी को उनके अधिकारों से वंचित कर रहा है।

कोई भी परिवर्तन समाज की सहायता के बिना नहीं हो सकता। सामाजिक परिवर्तन के लिए आवश्यक है कि मनुष्य के विचारों में परिवर्तन हो। पुरुष जागरण के बिना नारी चेतना अधुरी है। नारी सोएगी, समाज सोएगा। नारी जागेगी, समाज जागेगा। परन्तु प्रत्येक पुरुष को यह मनोवैज्ञानिक अहसास अवश्य हो कि महिला माँ के रूप

में पूज्या है, बहन के रूप में स्नेह की पात्र हैं, पत्नी के रूप में वात्सल्य की हकदार है। ये रिश्ते शिक्षा और पद की ऊँचाई एवं अनपढ़ता तथा दरिद्रता की निम्नता से ऊपर है। नारी स्वयं को जितना चाहे उतना समृद्ध व सुदृढ़ बना सकती है, क्योंकि उसमें जो असीम क्षमताएँ हैं उसके विषय में किसी कवि की ये पक्तियाँ उपयुक्त प्रतीत होती है –

"नारी तुझे कोटि–कोटि प्रणाम,
तुम्हारी पावनता, अभिमान, शक्तिपूजन और सम्मान"।

सन्दर्भ

1. गृहान् गच्छ गृहपत्नी यथासः। ऋग्वेद, 10.85.25
2. सम्राज्ञी श्वशुरे भव, सम्राज्ञी श्वश्रवां भव।
   नन्दान्दरि सम्राज्ञी भव, सम्राज्ञी अधि देवृषु।। ऋग्वेद, 10.85.46
3. अर्धो हवा एष आत्मनो यज्जाया। शतपथ ब्राह्मण 5.2.1.10.
4. अयज्ञो वा ह्येष योऽपत्नीकः। तैत्तिरीय ब्राह्मण 2.2.2.6.
5. स्त्री हि ब्रह्मा बभूविथ। ऋग्वेद, 8.33.19.
6. अहं केतु रहं मूर्धाऽहमग्रा विवाचनी। ऋग्वेद, 10.159.
7. अवीरामिव मामयं शरारूरभि मन्यते।
   उताहमस्मि वीरिणी। अथर्ववेद 20.126.9
8. इन्द्राणी वै सेनायै देवता। सैवास्य सेनां संश्यति। तैत्तिरीय संहिता 2.2.8.1
9. इन्द्राण्येतु प्रथमाऽजीताऽमुषितापुरः। अथर्ववेद 1.27.4.
10. विषूच्येतु कृन्तती, पिनाकमिव ब्रिभुती। अथर्ववेद 1.27.2.
11. स्त्रियो हि दास आयुधानि चक्रे। ऋग्वेद, 5.30.9.
12. सद्यो जंधाम् आयसीं विश्पलायै ..... प्रत्यधत्तमं। ऋग्वेद, 1.116.15.
13. डॉ० कपिलदेव द्विवेदी, वेदों में नारी भूमिका पृ० 5.

19

TECHNOLOGY, TRADE AND WOMEN

Vikas Sethi

It is a well known fact that women historically have been under-represented in scientific and technical fields. We know that there are multiple reasons for this, one of the main ones being the cultural stereotypes and definitions of women and men, which, in the Western and Asian worlds, are grounded in the religious and political culture and have been institutionalized through our education and socialization over centuries. Women have been given limited educational opportunities, have been restricted by law from many activities and have been excluded from professional societies and publications until close to the end of last century. Over the past hundred years, these limitations have begun to be lifted and doors and minds- have begun to open.

Today we are seeing far more participation by women in the technical fields. The percentage of women in engineering has increased by about seventy percent in the past ten years .It means that women now represent about fifteen percent of the total number of engineers in the world. Despite nearly forty years of activism by the women's movement, ongoing research shows that many young girls are getting the message it's okay to do poorly in mathematics and science and we still see parents, teachers and school advisors discourage female students from perusing academic and career interests in science and engineering as not suitable or too difficult.

But in reality there have always been women who made use of their common sense and natural abilities and contributed to their world through scientific and technical innovations. A few have been well known for many generations, to be trotted out and displayed as examples of the rare and exceptional merit and depending on who is speaking may be even the aberrant-female scientists or inventors. But more thorough research, most often by women, is revealing a much larger heritage of women active in technology than was previously realized.

One area in which recent scholarship shows women to be prolific is invention. It is ironic that the concept of women as inventors has been belittled or ignored by so many of western history's male scholars, since it is women, by male definitions, who are seen as intuitive and invention often repeats an intuitive leap to discover a solution to a problem. But in a culture in which most women especially married women lacked the economic power or legal right to produce or market an invention in their own name, many products and processes developed by women were publicly credited to a husband, a father, a brother, or a male partner, making women's successes invisible.

Like wise, social pressure against independent thought or action and against personal publicity forced many women to give away their ideas, thereby loosing all credit for them. The public nature of filing for a patent, which requires that the name of the inventor be disclosed, made many women reluctant to expose their identities and, therefore, their inventions. And until fairly recently, married women in many Western and Asian countries could not own or profit from their own inventions because they were legally the property of their husbands, even if they were planted or licensed in the woman's name.

None of this, however means that our female ancestors were not prolific inventors. Considering the social, educational and legal limitations faced by western women, the records of women's invention is outstanding.It is believed that anonymous inventions which mark human prehistory were developed by women. Since women were responsible for gathering food, they probably identified potential food crops such as grains, tubers, fruits and herbs and transplanted or sowed them near early tribal settlements. This would qualify the invention of agriculture. It would also necessitate the development again by women of agricultural implements such as digging sticks, hoes , cultivators and early ploughs.

The processing of foods also falls to women in most primitive societies. Grinding of roots and grains requires technological development in the form of tools and storage of perishable food items requires the invention of process such as drying, jerking, smoking and pickling.

Another field of prehistoric technology which probably fell to women was clothing. Weaving and sewing are all activities generally done by women in primitive cultures. The development of preserving, softening, bleaching and dyeing methods of animal skins, the inventions of weaving techniques and equipment including carding and spinning, and spindles and looms, methods of dyeing or printing fabrics, and sewing implements such as hooks, needles, scissors and sinew or fiber threads may all be credited to our unknown fore- mothers.

Care for the young, the old, the sick and the injured may also have been the responsibility of women. Athough many primitive cultures found in historical times have medicine men who care for the sick, others have medicine women. Certainly such events as child birth are the responsibility of women, as are care for infants, the very old and the physically disabled. Along with knowledge of food processing would come knowledge of herbal medicine and various curative remedies.

None of this prehistory of science and technology can be proven , of course, but certainly it is at least possible that many of our most important inventions were the work of women. As societies advanced, women continued to invent. Increased work opportunities through trade liberalization and trade policies affect men and women differently due to gender inequalities in access to and control of economic and social resources and decision making. Their impact is also mediated by the different roles that men and women have within societies- in particular, the gendered division of labour. This means that certain types of work are seen as appropriate for men including not only physical labour but also managerial positions, while caring and domestic work and related activities such as sewing are considered the realm of women. Trade liberalization has no doubt led to an increase in employment opportunities for women, for example, women who previously had no paid employment may now have greater opportunities for employment in export oriented sectors such as textiles or in new business such as information and communication technology. This is because these sectors largely employ women, for a variety of reasons : women are considered more reliable, less likely to complain and better at close, detailed work such as sewing, they are expected to take lower wages because it is assumed they are not the main earners in a family. Earning an income eternally to the household can lead to greater empowerment for women, both in the home and the wider community. Studies have shown that work in garment industry in Bangladesh has had a positive effect on women self – esteem and decision making with in the family. Female garment workers tend to marry and have children later and are often able to take part in housing a husband.

However the competition built into trade liberalization can also lead to unemployment and the restructuring of labour markets, in simple words a situation that leads to affect poor and marginalized groups of women more then men. This is because women tend to work in industries in which capital is more mobile, that are more sensitive to foreign competition and most likely to contract at periods of economic down turn. In addition, the prevalence of occupational and wage segregation is increasing and poor working conditions are rife in many export industries. The need for flexible workers to respond to market fluctuations has led to rise in the numbers of informal sector workers, of which a high percentage are women. Finally, although paid work outside the home can be an advantage to women in many ways, but the work needed to reproduce and care for the labour force means a double work burden. The burden is compounded by reductions in govt spending on health and other social protection measures, due to the lack of revenue from tariffs in a free trade environment.

The gender wage gap- the high level of women's employment is often rooted in pre existing inequalities and assumptions. Women are expected to earn a lower wage then men and are also considered more obedient and less likely to complain about working conditions. Although there are significant gains in some areas, in others there is ample evidence that the gap between their wages and those of men is far from being closed.

Agriculture plays a significant role in the lives of men and women in developing countries, where it represents a large part of domestic output as well as being a major source of employment women tend to dominate in the agricultural sector in most developing countries- for example, in India, agriculture accounts for eighty four percent of the total female workers in rural areas. Men often are responsible for the production of cash crops, while women usually produce domestic staples, often for home consumptions as part of subsistence farming, but also for small trade.

Services are emerging as a major economic sector for many developing countries; the sector is diverse and includes advertising, media, banking, finance, telecommunications, information technology, construction, data processing, health care, insurance and tourism. The service sector is dominated by women, for various reasons, including their perceived skills in caring professions and in customer relations as well as in modern professions such as data entry. Some of the service industries such as banking provide opportunity for women to earn relatively high wages. However, the majority of women employed in the service sector are concentrated in low-skilled, low paid job, and experience more job insecurity than men.

Textiles and clothing have just a 6.3 percent share of world trade, but they are particularly important to Asian countries, which accounts for sixty percent of textiles and clothing exports. They are also one of the major employers of female workers, due to the nature of work and perception of Asian women as 'nimble – gingered' good at detailed meticulous work.

REFERENCES

1. Sen, Amartya. The Unheeded Conscience.New Delhi. Sage Publications.
2. Purushothaman, Sanngeetha. 1998. The Empowerment of Women in India: Women's Networks and the State. New Delhi: Bookmark Publications.
3. Vinayak, Ramesh "Victims of Sudden Affluence"India Today.Dec 15,2006
4. Times of India. "Trade, Technology and Gender."Internet. p.3. March 14, 2006
5. The Tribune. "Gender and Inequality."Oct13, 2006.

20

भारतीय संस्कृति में नारी चेतना एवं न्यायिक अधिकार

उमाशंकर द्विवेदी

संसार सागर से जीवन रूपी नैया को पार करने के लिए पुरुष व स्त्री के साथ–साथ होने पर यह रास्ता आसान हो जाता है। इसलिए यह कहा जा सकता है कि दोनों एक दूसरे के बिना अधूरे हैं। स्त्री के बिना संसार की रचना असम्भव है तथा पुरुष के बिना स्त्री का महत्व कम है। भारतीय संस्कृति में स्त्रियों की दशा को देखते हुए यह कहना आवश्यक है कि नारी को हम दो रूपों में समझते हैं, एक तो सामान्य नारी और दूसरा पारिवारिक सम्बन्धों जैसे– माता, बहिन, पुत्री व पत्नी के रूप में। इस विषय पर वैदिक काल से आज तक की स्थिति का आंकलन करना परम आवश्यक है।

वैदिक काल में नारी की स्थिति : भारत वर्ष का जो स्वर्ण युग था वह वैदिक काल के पश्चात समाप्त होता चला गया। भारत वर्ष के प्राचीनतम ग्रन्थ ऋग्वेद में नारियों को पर्याप्त सम्मान प्राप्त था। मंत्रों की रचना जिस प्रकार देवताओं व ऋषियों ने की उसी प्रकार ऋषिकाएं, वाक्, उषा, गोधा, विश्वसारा, घोषा व लोपामुद्रा आदि ने भी की हैं। तत्कालीन नारी ज्ञान व बुद्धि सम्पन्न एवं पुरूषों का हर क्षेत्र में साथ देने वाली थी, युद्ध के समय भी पराक्रमी नारियां विश्पला, इन्द्राणी और वध्रिमति के नाम ऋग्वेद में मिलते हैं। स्त्रियां पुरुषों के समान पराक्रमी, तपस्विनी एवं शक्तिशालिनी थी।

अथर्ववेद में मिलता है कि नारियां युद्ध में भाग ही नहीं लेती थी बल्कि सेना नायिका के रूप में सम्पूर्ण सेना का नेतृत्व भी करती थी। जैमिनीय उपनिषद में इन्हें गायत्री के तुल्य या पवित्र माना गया है। यजुर्वेद व अष्टाध्यायी में मिलता है कि नारियां न केवल अध्ययन करती थी बल्कि अध्यापन का कार्य भी करती रही। जिन्हें बह्वृची के नाम से जाना जाता है, चाहे वह सामान्य नारी थी या पारिवारिक सम्बन्धों में रही हो।

नारियों की इस जागृति को देखते हुए यह स्पष्ट है कि उस समय नारियों का सम्मान समाज में पुरुषों से कम नहीं था।

स्मृतिकाल में नारियों की दशा

समय के साथ–साथ हमेशा परिस्थितियों में बदलाव आता रहता है। प्रारम्भिक स्मृतियों में नारियों की दशा वैदिक काल से कम अच्छी नहीं थी । मनुस्मृति के तीसरे अध्याय के 56 से 59वें श्लोक के अनुसार :

यत्र नार्यस्तु पूज्यन्ते रमन्ते तत्र देवताः।
यत्रैतास्तु न पूज्यन्ते सर्वास्तत्रफलाः क्रियाः।।

शोचन्ति जामयो यत्र विनाशत्याशु तत्कुलम्।
न शोचन्ति तु यत्रैता वर्धते तद्धि सर्वदा।

जामयो यानि गेहानि शपन्त्यप्रतिपूजिताः।।
तानि कृत्याहतानीव विनश्यन्ति समन्ततः।

तस्मादेताः सदा पूज्याः भूषणाच्छादनाशनैः।
भूतिकामैर्नरैर्नित्यं सत्कारेषूत्सवेषु च।।

अर्थात् मनु ने नारी को लक्ष्मीस्वरूपा कहा है, उसकी पूजा करने का विधान दिया है भले ही वह नारी पत्नी हो, वधू हो, कन्या हो, अथवा बहिन हो। तदनुसार जिस कुल में स्त्रियों की पूजा होती है। उस कुल में देवता प्रसन्न होते हैं, जिस कुल में स्त्रियों की पूजा नहीं होती है उस कुल के समस्त कर्म निष्फल हो जाते है। जिस कुल में स्त्रियां शोक करती हैं वह कुल शीघ्र नष्ट हो जाता है। जिस कुल में वह शोक नहीं करती हैं वह कुल सदा प्रसन्न रहता है। जिस कुल में स्त्रियां अनादर पाकर शाप दे देती हैं वह कुल कृत्या (अभिचार) से

आहत के समान सब ओर से नष्ट हो जाता है। इस कारण उन्नति चाहने वाले मनुष्यों को नित्य सत्कार और उत्सवों के अवसरों पर स्त्रियों को वस्त्र, आभूषण और भोजन आदि से विशेष सत्कार करना चाहिए।

प्रजापति ने गृहिणी को ही गृह बताया है। गृहणी से रहित गृह उनकी दृष्टि में घर नहीं है, न गृहं गृहमित्याहुर्गृहिणी गृहमुच्यते। पराशर के मुताबिक कलयुग में स्त्रियों का महत्व बढ़ गया है। पराशर स्मृति 31–32 के अनुसार स्त्रीभिश्च पुरुषा जिताः, कुमार्यश्च प्रसूनयन्ते तस्मिन् कलियुगे सदा। अर्थात कलयुग में काम वासना बढ़ गई है और कुमारियां जननी बनने लगी हैं और रतिसुख को अधिक महत्व दिया जाने लगा है। वृहत्पराशर के अनुसार (6/47) स्त्रियाश्च पुरुषस्यापि यत्रोभयोर्भवेद्धृतिः। तत्र धर्माऽर्थकामाः स्युस्तदधीना यतस्त्वमी।। अर्थात जहां स्त्री–पुरूष मिल कर कार्य करते हैं। वहां अर्थ और काम सभी सफल होते हैं क्योंकि ये सभी स्त्रियों के अधीन हैं। आपस्तम्ब का कथन है कि स्त्री, बालक और शूद्र कभी अपवित्र नहीं होते।

स्त्रियो वश्द्धाश्च बालाश्च न दुष्यन्ति कदाचन। (आपस्तम्ब, 1/3)

महाभारत के अनुसार

स्त्रियों के सम्बन्ध में अनुशासन पर्व के 45वें अध्याय में युधिष्ठिर की शंकाओं का समाधान करते हुए भीष्म पितामह ने कहा :–

स्त्रियां सदा पिता, पति या पुत्रों के संरक्षण में ही रहती हैं। स्वतन्त्र नहीं होती। इस सम्बन्ध का खण्डन करना असत् कर्म या आसुर धर्म है पूर्व काल के बड़े बूढ़ों में विवाह के अवसरों पर कभी इस आसुरी पद्धति का अपनाया जाना हमने नहीं सुना है। 46वें अध्याय में भीष्म जी कहते हैं :–

पूज्या लालयितव्याश्च स्त्रियो नित्यं जनाधिप। स्त्रियों यत्र च पूज्यन्ते रमन्ते तत्र देवता।।

अपूजिताश्च यत्रेताः सर्वास्तत्राफलाः क्रियाः। तदा चैतत् कुलं नास्ति यदा शोचन्ति जामयः।।

जामीशप्तानि गेहानि निकृश्त्तानीव कृत्यया। नैव भान्ति न वर्धन्ते श्रिया हीनानि पार्थिव।।

स्त्रियः पुंसां परिददे मनुर्जिगमिषुर्दिवम्। अबलाः स्वल्पकौपीनाः सुहृदः सत्यजिष्णवः।।

ईर्षवो मानकामाश्य चण्डाश्च सुहृदोऽबुधाः। स्त्रियस्तु मानमर्हन्ति ता मानयत मानवाः।।

स्त्रीप्रत्ययो हि वै धर्मो रतिभोगाश्च केवलाः। परिचर्या नमस्कारस्तदायत्ता भवन्तु वः।।

अर्थात् स्त्रियों का सत्कार और दुलार करना चाहिए जहां स्त्रियों का आदर होता है। वहां देवता लोग प्रसन्नापूर्वक निवास करते हैं और जहां इनका अनादर होता है वहां की सारी क्रियाएं निष्फल हो जाती हैं। जब कुल की बहु बेटियां दुःख मिलने के कारण शोकमग्न होती हैं, तब उस कुल का नाश हो जाता है। वे खिन्न होकर जिन घरों को शाप दे देती हैं, वे कृत्या के द्वारा नष्ट हुए के समान उजाड़ हो जाते हैं। वे श्रीहीन गृह न तो शोभा पाते हैं और न उनकी वृद्धि होती है। महाराज मनु जब स्वर्ग जाने लगे तब उन्होंने स्त्रियों को पुरुषों के हाथ सौंप दिया और कहा मनुष्यो स्त्रियां अबला, थोड़े से वस्त्रों से काम चलाने वाली अकारण हित साधन करने वाली, सत्यलोक को जीतने की इच्छा (सत्यपरायणा), ईर्ष्यालु, मान चाहने वाली, अत्यन्त कोप करने वाली, पुरुष के प्रति मैत्री भाव रखने वाली और भोली–भाली होती हैं। स्त्रियां सम्मान पाने योग्य हैं। अतः तुम सब लोग उनका सम्मान करो क्योंकि स्त्री जाति ही धर्म की सिद्धि का मूल कारण है। तुम्हारे रतिभोग, परिचर्या और नमस्कार स्त्रियों के अधीन होंगे। इस प्रकार महाभारत काल में भी स्त्रियों को भी पर्याप्त मान सम्मान प्राप्त था लेकिन फिर भी वैदिक काल जितना नहीं था।

स्त्री सुरक्षा

मनु ने स्त्री रक्षा को सबसे बड़ा धर्म बताया है। उसके अनुसार धर्म को देखते हुए दुर्बल पति भी स्त्री की रक्षा करने का प्रयत्न करता है। स्त्री की रक्षा करता हुआ मनुष्य सन्तान, आचरण, कुल और धर्म की रक्षा करता है। मनु ने और भी कहा है कि बलपूर्वक स्त्रियों का हरण व अतिचार के समय पुरुष स्त्रियों की रक्षा करने में समर्थ नहीं होता है, अतः नाना उपायों से उनकी रक्षा के उपाय

करना पहले से ही सम्भव है। अरक्षित स्त्रियां दोनों ही कुलों को सन्तप्त करती हैं। वृहत्पराशर के अनुसार : तस्मात्ताः सर्वथा रक्ष्याः सर्वोपायैर्न्तभिः सदा। श्वशुरैर्देवराद्यैस्ताः पितृभ्रात्रादिभिस्तथा। रक्षणीयास्ततस्तास्तु सर्वभावेन योषितः। (वृहत्पराशर, 6/58,64) अर्थात् मनुष्यों को सभी उपायों द्वारा स्त्रियों की पूर्ण रूपेण रक्षा करनी चाहिए। श्वसुर, देवर,पिता, भाई आदि समस्त सम्बन्धियों द्वारा स्त्री सभी तरह से रक्षणीया होती है। अरुण स्मृति के मुताबिक भूमि, पत्नी, माता और गुरू पत्नी की रक्षा अपने प्राणों की बाजी लगाकर भी करनी चाहिए। मनुस्मृति (9/12) के मुताबिक : अरक्षिता गृहे रूद्धाः पुरूषैराप्तकारिभिः। आत्मानमत्मना यास्तु रक्षेयुस्ताः सुरक्षिताः।। अर्थात स्त्री का कवच उसका धर्माचरण होता है। वे स्वयं ही स्वयं की रक्षक होती हैं। वे सभी के द्वारा की गई नारी–रक्षा की अपेक्षा उसी रक्षा को सफल और श्रेष्ठ मानते हैं जो स्त्री द्वारा स्वयं की गई हो; क्योंकि आज्ञाकारी पुरूषों के घर में भी स्त्रियां अरक्षित हैं। वे ही स्त्रियां सुरक्षित हैं जो धर्मानुकुल अपनी रक्षा स्वयं करती हैं।

सम्मान व सुरक्षा तो सभी का अधिकार है और इन दोनों को प्राप्त करने का श्रेय मुख्यतः उस व्यक्ति का स्वयं का है जो इसे अपने प्रयास से प्राप्त करता है।

नारी शिक्षा

वैदिक काल में स्त्रियों की शिक्षा सम्बन्धी दशा उन्नत अवस्था में थी। तत्कालीन नारी मन्त्रद्रष्टा और विदूषी भी थी। बृहदारण्योकोपनिषद में विदुषी नारियों में मैत्रेयी और गार्गी का नाम मुख्य रूप से आता है। लेकिन उसके पश्चात स्त्रियों को कहीं पर वेदाध्ययन से वंचित रखा गया, तो कहीं मंत्र पाठ का अधिकार दे दिया गया। मनु ने स्त्रियों के समस्त संस्कार ही मंत्रहीन करने को कहा है। केवल विवाह संस्कार में ही मंत्रपाठ का अधिकार दिया है। केवल वश्द्धहारीत ने स्त्रियों को वेदाध्ययन की अनुमति दी है। उनके अनुसार जो भी सदाचारी और सुशीलता आदि गुणों से सम्पन्न है वे सभी ब्राह्मण, क्षत्रिय, वैश्य व शूद्र स्त्रियां, वेद पाठ कर सकती हैं। मनु के अनुसार स्त्रियों का विवाह ही यज्ञोपवीत है, पति सेवा ही गुरूकुल वास है, गृहकार्य ही अग्निहोत्र है। मुख्यतः उन्होंने स्त्री को शिक्षा का अधिकार नहीं दिया।

समय के साथ–साथ युगों में परिवर्तन होता रहा। युगों का परिवर्तन क्या? यह तो विचारों का ही परिवर्तन है। मध्यकालीन युग शुरू हुआ। भारतवर्ष का ज्ञान, ग्रन्थों व पुस्तकों तक ही सीमित रह गया या कुछ बुद्धिजीवियों की धरोहर बनकर रह गया। ऐसी दशा में भारतवर्ष की पवित्र भूमि पर मुगलों व तुर्कों के आक्रमण हुए, अज्ञान के साथ–साथ अकर्मण्यता भी फैलती गई। सोमनाथ मन्दिर पर आक्रमण हुआ और हम सामना करने की बजाए पीठ दिखाते रहे। नतीजा यह हुआ कि हमारा धन व धर्म लुटता रहा और भारत वर्ष मुगलों का गुलाम बना और उन्होंने यहां पर अपने निष्कंटक राज्य की स्थापना ही नहीं की बल्कि जबरदस्ती धर्म परिवर्तन किया जाने लगा और ऐसी स्थिति में हम अपनी तो क्या, अपनी बहु, बेटियों की भी पूर्ण रूपेण सुरक्षा करने में असमर्थ रहे। परिणामतः नारियों को घर की चारदीवारी में बंद रहना पड़ा। उनकी शिक्षा बुरी तरह प्रभावित हुई। बाल–विवाह, पर्दा प्रथा और अशिक्षा का साम्राज्य भारत वर्ष में फैल गया। वर्तमान प्रशासन में स्त्री शिक्षा पर विशेष महत्व दिया जा रहा है।

सतीप्रथा

सती प्रथा का वर्णन वेदों में, मनु स्मृति में और याज्ञवल्क्य स्मशति में कहीं नहीं मिलता है। इससे प्रतीत होता है कि यह मध्यकालीन व्यवस्था की देन है। जब पुरुष वर्ग नारियों के भरण पोषण का खर्च ना उठाना चाहे या पुनर्विवाह न करना चाहे तो तत्कालीन व्यास स्मृति, विष्णु स्मृति, वसिष्ठ स्मृति, वृद्धहारित स्मृति एवं पराशर स्मृति में स्पष्ट मिलता है कि स्त्री को पति की मृत्यु होने पर उसके शव के साथ स्वयं को जला देना चाहिए।

मेरे अनुसार सतीप्रथा बहुत ही निन्दनीय कृत्य था और यह कार्य नीजि स्वार्थों की पूर्ति को लेकर किया गया क्योंकि स्मृति शास्त्र में तत्कालीन सामाजिक व न्यायिक प्रक्रिया का उल्लेख है। अतः समाज में इस पक्ष को भी मान्यता देने के लिए, ये नियम बनाए गए। मनु स्मृति के नवम् अध्याय के 47वें श्लोक के अनुसार पिता सम्पत्ति का बंटवार एक बार ही करता है और कन्या का विवाह भी एक बार ही करता है। कुछ विद्वान इस विषय पर टिप्पणी करते हुए कहते हैं कि मनु विधवा विवाह के विरूद्ध थे लेकिन यह स्पष्ट है कि जब पिता कन्या का विवाह करता है तब वह कुंवारी कन्या होती है और यदि किन्हीं

विपरीत परिस्थितियों में यदि दुबारा विवाह करना पड़े तो क्या वह कन्या ही रह जायेगी या स्टेटस बदल जायेगा। अतः मनु ने विधवा विवाह का निषेध कहीं नहीं किया।

तत्कालीन स्मृतियों में सती प्रथा का उल्लेख करते हुए स्मृतिकारों ने बच्चों की जिम्मेवारी के विषय में कोई उल्लेख नहीं किया है कि माता के सती होने पर व पिता की मृत्यु होने पर बच्चों का क्या होगा? क्या वे अनाथ होकर ही जीवन यापन करेंगे? वर्तमान न्याय व्यवस्था में सती प्रथा एक अपराध है और इसमें उकसाने वाले भी दण्ड के भागी होंगे।

न्यायिक अधिकार

वर्तमान समय में स्त्रियों को सामाजिक एवं राजनैतिक अधिकारों के साथ–साथ अनेकों कानूनी अधिकार भी प्राप्त हैं। जिनमें धारा 125 दण्ड प्रक्रिया संहिता के अनुसार भरण पोषण प्राप्त करने का अधिकार। हिन्दू मैरिज एक्ट के अनुसार, धारा 9 के तहत वैवाहिक सम्बन्धों का पुर्नस्थापन, धारा 13 के तहत तलाक और धारा 24 के तहत भरण–पोषण प्राप्त कर सकती है। उत्तराधिकार अधिनियम के तहत मृतक की विधवा, माता और पुत्रियों को भी उत्तराधिकार का अधिकार प्राप्त है। माता बच्चों की संरक्षक भी है। भारतीय दण्ड संहिता की धारा 354 के तहत यदि कोई, किसी स्त्री से अश्लील हरकत करता है तो वह दण्डनीय अपराध है और धारा 498–ए के तहत यदि पति, या कोई रिश्तेदार उसे तंग करता है तो वह कानून का दरवाजा खटखटा सकती है। इसके साथ–साथ सन् 2005 में एक नया कानून स्त्रियों की सुरक्षा के लिए दिया गया है जिसका नाम द प्रोटेक्शन ऑफ वूमेन फ्रोम डोमेस्टिक वायलेंस एक्ट है भारत में यह कानून वियना संधि, बीजिंग घोषणा पत्र और संयुक्त राष्ट्र संघ की सिफारिश पर पारित किया गया। इस कानून के तहत घर को कोई भी बड़ा व्यक्ति महिला पर किसी भी प्रकार का अत्याचार करता है तो वह इस कानून का लाभ उठा सकती है और इस कानून के तहत जारी आदेशों की अवहेलना की दशा में अवहेलना करने वाले को एक वर्ष का दण्ड और 20 हजार रूपये जुर्माना भी हो सकता है।

भारत वर्ष में परिवार व कुटुम्ब का विशेष महत्व है, जबकि विदेशों में इसका ज्यादा महत्व नहीं है। हिन्दू कानून के तहत विवाह जन्म जन्मान्तर का एक पवित्र बन्धन है। वहीं मुस्लिम कानून के तहत विवाह एक एग्रीमेन्ट है और अंग्रेजी कानूनों के तहत तो इसका कोई खास महत्व नहीं है। तलाक लेते रहें, विवाह करते रहें, ऐसे में क्या परिवार व कुटुम्ब की नींव मजबूत होगी। परिवार तो समर्पण पर ही चलता है, इसके लिए सभी में, एक दूसरे के प्रति सहयोग व स्नेह की भावना होना जरूरी है। न्यायालयों में या थानों में जाकर यदि परिवार दबाव में बस भी गया तो उसमें वह लगाव व समपर्ण भाव नहीं रह जाता जो होना चाहिएं।

पारिवारिक सम्बन्धों में नारी की ही भूमिका सबसे महत्वपूर्ण है। उसके पिता, पति , बच्चे , सास, ससुर व अन्य सम्बन्धी कुछ न कुछ अपेक्षा उससे रखते हैं। भारत वर्ष में तो नारी परिवार की धुरी है, उसकी तो सहनशीलता ही पारिवारिक गरिमा की प्रतीक है, उसकी सहनशीलता ही पारिवारिक बन्धनों की दृढ़ करती है। लेकिन यदि कहीं उसके साथ नाजायज हो रहा है उस दशा में उसे कानून की शरण में तो जाना ही पड़ेगा। फिर भी सम्बन्धों को मधुर व कटु बनाने में नारी का विशेष योगदान है। यदि वह चाहे तो घर एक मन्दिर बन सकता है, वरना घर को नरक बनने से भी नहीं रोका जा सकता।

21

स्त्री-चेतना एवम् भारतीयता की मूल प्रकृति का पुनर्विश्लेषण

आशुतोष आंगिरस

ऐसे विषय जो अतिबौद्धिकता, अर्ध–ऐतिहासिकता और अति–परिचय के कारण व्यक्ति और समाज के लिए अस्पष्ट हो गए हों और उलझ गए हों या जिनका कोई सीधा स्पष्ट उत्तर न हो या जिन विषयों के सम्बन्ध घड़े बन्दियाँ हों तो वहाँ विषयों को स्पष्ट करने का सरलतम उपाय मूलभूत प्रश्नों को सामने रखने का हो सकता है विशेष रूप से स्त्री चेतना और भारतीय प्रकृति के सन्दर्भ में। अतः उपरोक्त विषय के सम्बन्ध में मैं सरलतम और संक्षिप्त प्रश्न अपने सामने रखना चाहता हूँ कि स्त्री मायने क्या या स्त्री होने का क्या अर्थ है? क्या ऐसी कोई देह जो सन्तानोत्पत्ति करती हो, उसे स्त्री कहेंगें या कोई ऐसा अस्तित्व जो पुरुष से भिन्न है या ऐसी कोई अस्मिता जो सजातीय, विजातीय और स्वगत भेद से भिन्न परिभाषित की जा सकती है अथवा सामाजिक सन्दर्भ में माँ, बहिन, बेटी, पत्नी, प्रेमिका आदि में से स्त्री कौन सी है या व्यक्तिगत स्तर पर एक पुत्र को अपनी माँ को रूप में देखना चाहिए या स्त्री के रूप में? व्यक्तिगत स्तर पर यह प्रश्न और भी महत्त्वपूर्ण हो जाता है क्योंकि स्त्री–अधिकारों के हनन के सन्दर्भ में पुत्र अपने माँ के अधिकारों के लिए संघर्ष करे अथवा उसे

स्त्री समझ कर उसके अधिकारों के विषय में निर्णय करें ? ये सारे प्रश्न इसलिए आवश्यक है क्योंकि एक बार 'स्त्री' का निर्णय हो जाए तो 'स्त्री चेतना' और उससे सम्बन्धित अन्य विषयों को ठीक से समझा जा सकता है। और यह समझ इसलिए आवश्यक है क्योंकि हम सभी एक स्वस्थ समाज चाहते हैं जो दैहिक रूप से और मानसिक रूप से भी स्वस्थ हो और यह तभी सम्भव है जब स्त्री दैहिक और मानसिक रूप से स्वस्थ और पूर्ण हो क्योंकि अभी तक हुआ यह है कि सामाजिक विकृतियों को अनुभव कर भारतीय परम्परा को जानने वालों ने स्त्री के पुनरुत्थान का जो आन्दोलन चलाया था वह शीघ्र ही उनके हाथों से फिसल कर औद्योगिक क्रान्ति के बुद्धिजीवियों के अधिकार में आ गया और उन्होंने स्त्री–स्वातन्त्र्य के नाम पर जो व्यापार किया उसका परिणाम टूटते परिवारों, बढ़ते अपराधों और व्यवस्थाओं के चरमराने के रूप में दिखाई देने लगा है। अभी तक भारतीय स्त्री की अस्मिता को दो छोरों ने बाँध रखा था – एक ओर सौभाग्य था और दूसरी ओर मातृवात्सल्य। उसकी प्रकृति ने ही उसे मर्यादित कर रखा था परन्तु अब आधुनिकता ने उरो सौभाग्य के स्थान पर नौकरी या आर्थिक सुरक्षा दी और मातृवात्सल्य के स्थान पर प्राकृतिक प्रजनन शक्ति का नियन्त्रण। यह कहाँ तक स्वस्थ स्त्री और स्वस्थ समाज की रचना में सहायक या उपयोगी है – यह विचारणीय है क्योंकि स्त्री चेतना की सफलता समाज की स्वस्थता पर निर्भर करती है और स्वस्थ समाज ही स्वस्थ स्त्रीत्व का उद्देश्य हैं जिसके लिए स्वातन्त्र्य मूलभूत शर्त है और वह स्वातन्त्र्य दो प्रकार का है – एक है स्त्री का सत्ता–स्वातन्त्र्य और दूसरा है स्त्री का क्रिया–स्वातन्त्र्य। अत्यन्त सरल एवम् स्थूल शब्दों में स्त्री चेतना के दो स्तर हैं – एक उसके होने का और दूसरा करने का। स्त्री का होना उसका स्वभाव है, उसे पाने के लिए कुछ करना नहीं होता क्योंकि स्त्री तो वह है ही और यह ऐसा भी नहीं है कि वह कुछ ऐसा है जो स्त्री के पास है या स्त्री के अधिकार में है। स्त्री में और स्त्री के होने में किंचित सी भी दूरी नहीं है। वह स्त्री का होना है, उसका अस्तित्व है। दूसरी ओर क्रिया या करना उसकी उपलब्धि है। जो

कुछ भी करती है वह बिना किए नहीं हो सकता। स्त्री करेगी तो वह होगा, नहीं करेगी तो नहीं होगा लेकिन जीवन जीने के लिए बहुत कुछ करना पड़ता है और धीरे – धीरे यह सकियता ही स्त्री के होने को जानने में बाधा बन जाती है और यही कारण है कि स्त्री का मूल्यांकन पुरुषोचित कर्म करने में होने लग गई है और यह स्पष्ट है कि कर्म या किया पर आधारित पहचान परिधि है, केन्द्र नहीं है। आधुनिक स्त्री का अर्जन, उसकी सम्पदा, जो कुछ भी उसके पास है वह उसके कृत्य ने, उपलब्धि ने केन्द्रभूत स्त्री को आच्छादित कर रखा है। स्त्री का होना उसकी सभी उपलब्धियों से पहले है। कृत्य तो चुनाव है, वह चुना जाए या न चुना जाए, वह किया जाए न किया जाए वह स्त्री के हाथ में है। कृत्य चुना जा सकता है परन्तु अस्तित्व नहीं। इसलिए स्त्री जहाँ एक ओर विशिष्ट बोध सत्ता है वहीं वह विशिष्ट संस्कार समूह भी है और इन दो प्रकारों ने स्त्री चेतना ने मानव मन को सदा प्रभावित किया है। इसलिए स्त्री– चेतना को मात्र कृत्यों के सन्दर्भ में देखना और उसकी अस्मिता के प्रश्न को अनदेखा करना – दोनों ही स्वस्थ विश्लेषण की अपेक्षा रखते हैं। लेकिन मानवीय दृष्टि की तरह मानव बुद्दि भी एक साथ सभी कोणों से किसी भी तथ्य को समझने मे सशक्त नहीं है इसलिए आवश्यक है कि स्त्री चेतना को तीन दृष्टिकोणों से देखकर समझने का प्रयत्न किया जाए। स्त्री चेतना के भारतीय की दृष्टि में तीन रूप इस प्रकार के हैं – प्रथम पार्थिव रूप से तात्पर्य उसके जैविक, आर्थिक दृष्टि है, दूसरे शाश्वत रूप से तात्पर्य ऐतिहासिक अविच्छिन्न विकास की दृष्टि है और तीसरे चिन्मय रूप से तात्पर्य अचल मूल्य की दृष्टि है या मूल प्रकृति या मेमदबम की दृष्टि है। इन तीन दृष्टिकोणों से विश्लेषण कर स्त्री–चेतना का पार्थिव रूप हमारे घरों, गावों, नगरों, खेतखलिहनों, कार्यालयों, राजनीति, बाजारवाद, उपभोक्तावाद के साधनों में उपस्थित है और इस माध्यम से वह अर्थ और काम की सिद्धि कर रही है। स्त्री चेतना का शाश्वत रूप इतिहास में हजारों वर्षों से क्रमागत रूप से चलायमान है। यह शाश्वत इस अर्थ में ही कि यह अविच्छिन्न रहा है। वस्तुतः शाश्वत शब्द एक काल सम्बन्धी आइडिया देता है जिसे निरन्तर

वर्तमान के अर्थ में लेना चाहिए। यह काल का कोई स्थिर बिन्दु नहीं है। यह निरन्तर रहते हुए भी सतत विकासशील और प्रवाह मान भी है क्योंकि यही समाज और व्यक्ति की मानसिक शक्तियों का ढाँचा तैयार करते हैं। इस दृष्टि से स्त्री चेतना अपने धर्म नामक पुरुषार्थ को सफल कर रही है और तीसरा चिन्मय रूप शाश्वतरूप से अधिक सूक्ष्म है जिसका लक्ष्य है पूर्ण स्वस्थता, पूर्ण आनन्द जो आँशिक रूप से क्रीड़ा, कला, संगीत, साहित्य आदि में और पूर्ण रूप से जीवन जीने के रूप में मिलता है। इस चिन्मय रूप में ही रुचिबोध और संस्कृति बोध के बीच पनपते हैं। सभी बीजों का स्रोत यही स्त्री का चिन्मय रूप ही है परन्तु उन बीजों का अंकुरण और विकास होता है शाश्वत और पार्थिव सन्दर्भ के अनुसार। सम्भवतः इस प्रकार भारतीय सन्दर्भ मे स्त्री चेतना के ideal या essential रूप को समझा जा सकता है।

इस उपरोक्त विश्लेषण के मूल सन्दर्भ भारतीयता की प्रकृति के स्वरूप निर्माण में वैदिक और अवैदिक या आर्य और अनार्य परम्पराओं के तात्त्विक वैचारिक योगदान को भी जान लिया जाए क्योंकि दोनों के अति सूक्ष्म वैचारिक तत्त्वों का समन्वय ही भारतीयता की मूल प्रकृति को निर्धारित करते हैं। वैदिक परम्परा के उपलब्ध तत्त्व हैं–संस्कृत, यज्ञ, देववाद और आत्म या ब्रह्म। और दूसरी और अवैदिक परम्परा के तत्त्व हैं – संसार का मिथ्यात्व, अत्यन्त घोर तप, पूजा – विशेष रूप से आकृति पूजा, ध्यान के प्रति योग के उपाय और अनीश्वरता। इन उपरोक्त चार वैदिक तत्त्वों और पाँच अवैदिक तत्त्वों के आपसी समन्वय से भारतीयता की मूल प्रकृति का स्वगत लक्षण स्पष्ट करते हैं। वे तत्त्व हैं – 1. माया या लीला, 2. कर्म, 3. धर्म, 4. अर्थ, 5. काम, 6. मोक्ष, 7. भक्ति, 8. आकृति उपासना, 9. व्यक्तिगत धार्मिक या आध्यात्मिक अनुभव– इन तत्त्वों ने अपनी मिथकीयता या पौराणिकता और प्रतीकात्मकता से भारत की अधिकांश भाषाओं को प्रभावित किया हैं। हलाँकि मिथक और प्रतीक ये दोनों अलग अलग हैं जैसे पुरुष और प्रकृति – ये दोनो बिम्ब प्रतीक हैं – दो तरह की

आदिम और सनातन सृजन – शक्तियां के जिनके युगबद्ध होने पर ही सृष्टि सम्भव हे परन्तु शिव पार्वती आदि के बिम्ब इसी तथ्य के मिथकीय रूप हैं। ये प्रतीक किसी तथ्य को या थ्योरी को सूत्र रूप में बिम्बित करते हैं लेकिन इनमें कोई लीला या कथात्मकता नहीं है इसके विपरीत मिथक का रूप कथात्मक होता है और उसके बिम्ब पुरुष–नारी आकृतियाँ लेकर एक लीला रचते हैं। मिथकीय भाषा अधिक सगुण, नामरूपवाली होती हैं। यदि भारतीयता मूलसाहित्य और दर्शन को कुछ देर के लिए छोड़ दें तो भारतीय परम्परा, लोक धर्म और लोक संस्कृति के आधार पर यह कहना सम्भव है कि भारतवर्ष की आदिम देवता देवी है क्योंकि सभ्यता का आदि रूप सर्वत्र मातृ सत्ता प्रधान रहा है। और वहीं से भारत का 'समूह मन' या 'लोक–चित्त' का प्रारम्भ हुआ। उस देवी के सूक्ष्म से सूक्ष्मतर रूप ने भारतीय कर्मकाण्ड, दर्शन, कला, साहित्य को प्रभावित किया और दूसरी ओर उसने प्रत्येक व्यक्ति के अति भीतर स्नायुमण्डल के केन्द्र में कुल कुण्डलिनी, परा–शक्ति, त्रिपुर सुन्दरी के रूप में प्रभावित किया। सच तो यह है कि इस देवी के खप्पर में पड़ कर भारतीय आर्य के पुरुष प्रधान स्वभाव का रूपान्तर 'नव्य आर्य' या 'हिन्दू' के रूप में हो गया और हमारे समूहमन या लोकचित में स्थित इसकी 'मातृमूर्त्ति' प्रकृति जनसमूह की दृष्टि–भंगी है, यह जनसमूह की विश्व–दृष्टि है क्योंकि यदि इसमें भौतिकवाद और अध्यात्मवाद का मूल विद्यमान न रहता तो संस्कृति का चर्तुपुरुषार्थ का संतुलित परवर्त्ती विकास सम्भव नहीं होता। भारतीय प्रकृति समस्त जीवन प्रक्रिया को समाविष्ट किए हुए और धारण किए हुए चलती है – चूल्हा चक्की, शिल्प से लेकर लोकनृत्य आदि तक इसका विस्तार है। अतः भारतीयता की मूल प्रकृति के विषय में यह कहना सम्भव है कि पहला यह कि यह अपौरुषेय है क्योंकि इसका जनक व्यक्ति नहीं परम्परा है। दूसरा इसका अर्थ लोकविद्या है। तीसरा इसकी दृष्टि भंगी कामना प्रधान और सुखवादी होने के साथ साथ अध्यात्मवादी है। चौथे यह रसवादी और वर्ग निरपेक्ष है परन्तु धार्मिकता प्रकृति सेक्यूलर,

उदार और साम्प्रदायिकता निरपेक्ष है परन्तु धार्मिकता मुक्त कहीं नहीं है। छटे इसमें जिज्ञासा, रहस्यबोध, सौन्दर्यबोध तथा आदिम मय इसमें सहोदर रूप में निहित हैं।

22

संस्कृत व्याकरण-दर्शन में स्त्री-चेतना का स्वरूप

कामदेव झा

वाणी संस्कृत व्याकरण दर्शन का आधार है। इसी वाणी व उसमें स्थित अर्थ पर समस्त शास्त्रों का महल टिका हुआ है। यही वाणी समस्त सृष्टि प्रपन्च का उदभूत स्थली है एवं इसी में प्रलयावस्था के समय समाहित हो जाता है। इस संसार में कोई ऐसी वस्तु (वाक्यपदीय,,1–123) नहीं जो वाणी से पृथक् हो। संसार का समस्त ज्ञान इसी वाणी से अनुविद्ध है।

व्याकरण में स्त्री एवं पुरूष में क्रिया से भेद नहीं है। क्रियात्मक दृष्टि से दोनों में काई अन्तर नहीं किया गया है। यथा वह जाता है एवं वह जाती है के लिये क्रिया 'गच्छति' ही है। भेद केवल नाम अथवा सर्वनाम में होता है। इससे स्पष्ट होता है कि संस्कृत व्याकरण में दोनों लिंगों को समान रूप से व्यवहृत किया है। मूल क्रिया में यही रूप देखने को मिलता है। यद्यपि मूल धातु में प्रत्यय जोड़ने पर तो लिंग भेद से क्रियात्मक परिवर्तन दिखता है। जैसे – सा पठितवती एवं सः पठितवान् इत्यादि। व्याकरण दर्शन की प्रतिष्ठा वेदों पर आधारित है। वेदों में वाणी का वर्चस्व तो देखने योग्य ही है। ऋग्वेद में स्पष्ट तौर पर कहा गया है कि वाणी सर्वशक्तिसम्पन्न है। वाणी

स्वयं को 'राष्ट्री'(ऋग्वेद,10–125–3) शब्द से सम्बोधित करती है। इस राष्ट्री शब्द का अर्थ है – सर्वेश्वरी। मन्त्र में वाणी कहती है कि 'अहं राष्ट्री संगमनी वसूनाम् अर्थात् समस्त धन को प्रदान करने वाली मैं ही हूँ। इस कथन से स्पष्ट होता है कि वाणी जो सरस्वती का पर्याय है – सर्वशक्ति सम्पन्न है। वैदिक काल में स्त्री का स्वरूप सुदृढ़ एवं सर्वशक्ति सम्पन्न प्रदर्शित होता है। ऋग्वेद के दशम मण्डल के 125वे सूक्त में एक से आठ तक के मन्त्रों को पढ़कर ऐसा प्रतीत होता है कि वाणी किसी भी दृष्टि से असहाय या पराश्रित नहीं लगती है बल्कि धन–बल से संयुक्त दिखाई देती है। इससे ध्वनित होता है कि वैदिक काल की स्त्री सबल एवं प्रभुता से सम्पन्न थी। ऋग्वेदमन्त्र के भाष्य में सायण ने समस्त जगत (ऋग्वेद, 10–125–8, सायण भाष्य) को उसी वाणी से सम्भूत माना है। शतपथ ब्राह्मण (6–5–3,4) में भी 'वागेव विश्वा भुव्नानि जज्ञे' के द्वारा वाणी से समस्त जगत् को उत्पन्न माना गया है। इस वाणी के बिना भर्तृहरि ने वाक्यपदीय नामक ग्रन्थ में काष्ठ (वाक्यपदीय,1–126, स्वोपज्ञवृत्ति) एवं कुड्य (दीवार) के समान निष्प्राण माना है। व्याकरण दर्शन में वाणी के चमत्कार के भर्तृहरि ने पराकाष्ठा तक पहुँचा दिया है। कहा गया है कि वाणी उपासक को न केवल मालो–माल कर देती है अपितु मृत्युञ्जय बना देती है। जैसा कि कहा भी गया है – ते मृत्युमतिवर्तन्ते ये वै वाचमुपासते। (वाक्यपदीय,1–126, स्वोपज्ञवृत्ति) वस्तुतः व्याकरण दर्शन मे वाणी अर्थात् स्त्री तत्त्व को सर्वोपरि माना है। इसमे तो यहाँ तक कहा है कि वाणी की आज्ञा के बिना जिह्वा भी स्पन्दन करने में सर्वथा असमर्थ होती है। इसी दृष्टि से प्रकृति अर्थात् धातु को माता एवं प्रत्यय को पिता रूप में सम्बोधित किया गया है। जैसा कि कहा भी गया है कि – अत्र प्रकृति पदेन माता, प्रत्ययपदेन च पिता गृह्यते (व्याकरण दर्शन की भूमिका)। – इसी भाव को कविकुल गुरू कलिदास ने वाणी और अर्थ को शिव और पार्वती का(रघुवंश,1–1) दर्जा दिया है।

कालिदास ने पार्वती एवं शिव को उसी प्रकार अपृथक् माना है जैसे वाणी और उसमे स्थित अर्थ। इससे स्पष्ट होता है कि व्याकरण

दर्शन के क्षेत्र में वाणी (स्त्री–तत्त्व) को सर्वोपरि माना है। प्रकृतिस्तु पार्वती प्रोक्ता प्रत्ययस्तु महेश्वरः कहकर प्रकति (त्ववज) को पार्वती एवं प्रत्यय (नपिग) को साक्षात् महेश्वर का दर्जा दिया है। इससे ध्वनित होता है कि स्त्री तत्त्व को व्याकरण दर्शन में शीर्ष स्थान माना गया है। यहाँ तक कि कालिदास से प्रभावित होकर रामचरित मानस लेखन के समय मंगलाचरण में ही आचार्य तुलसीदास ने साक्षात् पार्वती स्वरूप सर्वशक्ति रूपा वाणी को मातृ रूप, एवं विनायक को पितृ रूप में 'वन्दे वाणी विनायकौ' (रामचरित मानस,1) द्वारा नमन किया है। ऋग्वेद (10–17–4) के मन्त्र में कहा गया है कि वाग्देवी को कोई देखता हुआ भी नहीं देखता, कोई उसे सुनता हुआ भी नहीं सुनता, जबकि जिस किसी पर वह रीझ जाती है, तो उसे वह अपना सर्वस्व समर्पित कर देती है। यहाँ यह भी द्रष्टव्य है कि वैदिक काल में स्त्रीतत्त्व का महत्त्व सर्वाधिक था। उस पर कोई जोर–जबर्दस्ती का प्रयोग सर्वथा नगण्य था। इसलिये उपर्युक्त मन्त्र में प्रदर्शित किया गया है कि जिस पर वह वाग् देवी प्रसन्न हो जाती है उसे मालोमाल कर देती है। उपर्युक्त मन्त्रार्थ से ध्वनित होता है कि वैदिककाल में व्याकरण दर्शन के माध्यम से स्त्री का महत्त्व दर्शाया गया है। भर्तृहरि ने उस वाणी को समस्त प्राणियों की संज्ञा कही है। इस वाणी से संसार के सभी प्राणीमात्र अनुप्राणित है। यही संसार की चेतना है। इस वाग्देवी के बिना समस्त जगत् निर्जीव सदृश हैं। इस उक्त विचार से इतना तो अवश्य ज्ञात होता है कि स्त्री–तत्त्व इस व्याकरण दर्शन में सशक्त एवं श्लाघनीय है। उसे अर्थात् वाग्देवी को समस्त कला, विद्या आदि का विधान प्रदर्शित किया है। उसमें भर्तृहरि ने 'सा सर्वविद्याशिल्पानां कलानां चोपबन्धनी' (वाक्यपदीय,1–126,स्वोपज्ञवृत्ति) द्वारा स्पष्ट किया है। उपर्युक्त वचन से यह स्पष्ट होता है कि व्याकरण दर्शन में स्त्री–तत्त्व की शिक्षा दीक्षा भी पराकाष्ठा पर रही है। अभिज्ञान शाकुन्तल के नान्दी में भी भर्तृहरि की तरह यथा वाणी सभी प्राणियों की चेतना उद्घोषित है, उसी प्रकार यहाँ भी यया प्राणिनः प्राणवन्तः (अभिज्ञान शाकुन्तलम्,1–1) वाक्य के द्वारा शकुन्तला को समस्त संसार की चेतना रूप प्रदर्शित किया गया है।

संस्कृत व्याकरण–दर्शन में वाणी का चतुर्विभाग (वैयाकरण परम लघु मंजूषा,स्फोट निरूपण) किया गया है। जिनमें परा, पश्यन्ती, माध्यम एवं वैखरी प्रसिद्ध हैं। कहा जाता है कि परा वाणी के संकेत के बिना जिह्वा अपना वाचन कार्य करने के लिये उघत नहीं होती। इस वाणी को समाधि में स्थित साधक ही अनुभव कर पाने में सक्षम हो पाते हैं। उपर्युक्त चारों वाणी का स्थान भी निर्दिष्ट है। जिनमें परां वाणी मूलचक्र में, पश्यन्ती नाभिभाग में, मध्यमा हृदय में एवं वैखरी कण्ठ में निवास करती है।

भारतीय चिन्तकों का मत है कि मूलाधार चक्र में निवास करने वाली वाणी वस्तुतः चित् (चेतना) स्वरूप है। यही वाणी समस्त सृष्टि प्रपंच को रचती है एवं प्रलयावस्था में इसी में लीन हो जाती है।व्याकरण दर्शन में तो इसी को उपासना के द्वारा प्राप्य कहा है। इससे अवश्य ज्ञात होता है कि व्याकरण दर्शन की वाग्देवी सर्व–सामर्थ्य युक्ता है। किसी भी प्रकार से यह अक्षम या असहाय नहीं है। तथाकथित अबला जीवन हाय' की कथा यहाँ आकर विराम लेती है। यहाँ तक की ये वाग्देवी चार बहनों की भाँति सशक्त, सामर्थ्ययुक्ता व उपासना की विशेषता ये आभासित है।

प्रत्यय का एक अर्थ विश्वास भी होता है। व्याकरण के प्रणेता ने स्त्री–प्रत्यय का विशेष विधान व्याकरण शास्त्र में किया है। इससे यह भी ध्वनित होता है कि स्त्री में पूर्णतः आस्था प्रदर्शित है। इसी लिये यह मातृरूप में व्याकरण–दर्शन में उद्घोषित है। हमारी शास्त्र परम्परा में अर्धनारीश्वर की परिकल्पना सर्वथा दृष्टिगोचर होती है। कहा जाता है कि स्त्री व पुरुष दोनों एकशरीरस्थ ही थे किन्तु किसी कारणवश पृथक् हो गये। दोनों जब तक सम्पृक्त अवस्था को प्राप्त नहीं करते तब तक पूर्ण नही होते। प्रायः इसी दृष्टि साक्षात् परमब्रह्म स्वरूप वाल्मीकि रामायण के राम ने यज्ञ के समय कल्पित कुशनिर्मित सीता के साथ यजनकार्य पूर्ण किया है। महाभारत में भी शापवशात् अर्जुन वनवास के समय बृहन्नला रूप धारण किये हुये दृष्टिगत होते

हैं। जिसे महान् नाटककार भास पंचरात्रम् नाटक में शिवपार्वती का अर्धनारीश्वर रूप वर्णित किया है। उसी प्रकारा व्याकरण दर्शन में कालिदास द्वारा वर्णित वाणी और अर्थ को शिव–पार्वती रूप में यर्थावत् वर्णन है। ऋग्वेद (वाक् सूक्त,6) में बताया गया है कि वाणी असुरों को मारने के लिए रुद्र के लिये धनुषा की प्रत्यंचा को चढ़ाती है। इससे यह सिद्ध होता है कि वैदिक कालीन स्त्री युद्ध में भी सहभागिनी होती थी। इस प्रसंग को देखकर रामायण की कैकेयी स्मरण पथ पर आती है, जिसमें दशरथ के साथ युद्ध में भाग लेती थी।

उपयुक्त समस्त विचारों से ध्वनित होता है कि व्याकारण दर्शन काल में स्त्री का स्वरूप सर्वसामर्थ्य से युक्त रहा है।

23

RIGHTS AND DUTIES OF WOMEN

—An Indian perspective

Kamlesh Singh

Man has long dreamt of an equalitarian society, a society in which all members are equal, but such a society remains a dream. The equalitarian idea brought the movement for the improvement of the legal status of women. The Indian womanhood has secured juridical equality, a great epochal land mark in the history of womanhood. Now question arises, will this juridical equality be materialized in to real emancipation ? or will she become victim of any new type of subjection in the coming years of the history of the Indian womanhood. Based on the policies and programmes as epitomized in the constitution of India, the central and state Govt. have come out with various legislative enactments which are designed primarily to safeguard, protect and promote the welfare and well being of women in India.

- The constitution of India provides equality of man and women in the field of employment and salary perks.
- In 1995 Hindu Code bill codified various laws

relating to marriage, adoption, divorce, minority and succession etc.

- The Maternity Benefit Act prohibits the employment of any women in any establishment during a period of six weeks immediately following her delivery or miscarriage.
- The medical termination of pregnancy Act gives full power to decide about getting her pregnancy terminated.
- In order to protect the serving women from the ill treatment at the hands of their male counter parts and to protect the dignity of women the Supreme Court of India designed the directions to prevent exploitation of serving women.
- The istridhan of a married woman is immune from attachment and sale in execution of a decree against her.
- A Hindu male can not adopt a son without the consent of his wife.
- A widow mother, sons and daughters are the first class heir to the property of Hindu male.
- If a women is not looked after by her husband she can get maintenance from her husband.

The roots of women's disabilities lie deeper in the social structure, legislation in it self is not enough. The legislation itself is the product and reflection of the dominant ideology of society. Further even a good law would remain unutilized if the general climate of social life would not be conducive for its implementation. Women should first of all develop consciousness of their own rights. They should also ceaselessly strive to actualize the rights granted to them and also carry on struggles to secure further rights.

The constitution of Indian union has proclaimed that women is equal to man. However to fight against all the obstacles which still prevent realization of this principle into real social life, women shall have to carry on continuous, heroic and organised struggles for a long time.

The fight against exploitation and suppression of women has to be from with in and by women themselves and that is possible only when from the time of their birth they develop a sense of confidence in their own capacity to fight and the whole atmosphere is so changed that they do not ever entertain any feeling of inferiority or of insecurity and weakness about their place in the society as a class or about the important role which they can play as individuals. The self confidence which would help them stand up against exploitation will come if they get opportunities to compete among themselves and men at every opening in life and are able to display their qualities of head and heart by achieving success in direct proportion to their potentialities.

In this way only women will be able to fight the fear of life and the sense of weakness and insecurity which they develop very early in their life in the family in particular and in the surrounding society in general.

Women though eulogized religiously, empowered legally, emancipated socially, enriched economically and enhanced personally, still remain a non entity in almost all walks of life, And to bring themselves out of this state of illusion of images, women should realise the hidden self from with in.

She must counter act the reactionary feudal forces, whose weight is enormous. She has to evolve economical, political, social, educational and cultural institutions which would assure in concrete form the equal status of women and also would provide her unfettered and full opportunities to participate as free citizens in the life of society.

Society is web of social relationships. Just as life is not a thing but a process of living so society is not a thing but a process of associating. A social relationship, thus implies reciprocal awareness. Rights and duties are the two sides of the single coin, if she claims rights for her self then she must be aware of rights of others too, which automatically becomes duty of her's, which she can perform easily by keeping aside her own selfishness.

24

ओशो का नारी चिन्तन

राजीव चंद्र शर्मा, मयंक आनन्द

यह बेहद शर्म, चिंता और दुःख का विषय है कि आज हम सुशिक्षित, सभ्य तथा सुसंस्कृत समाज के प्रबुद्धजन एक साथ मिलकर यहां व्यक्ति की अपेक्षा नारी पर आयोजित संगोठी में अपने तमाम रोजमर्रा के काम–काज छोड़कर एकत्र हुए हैं। हमारा, आप सब से सवाल है कि मानव सभ्यता की सदियां बीत जाने के बाद भी क्या हम मानव को लिंग भेद के धरातल से ऊपर उठा कर व्यक्ति के रूप में प्रतिष्ठित करने में नाकाम नहीं रहे? हम नर और नारी के खेमों में बंट कर ही सोचने को क्यों मजबूर हो गए? धिक्कार है, लानत है, मानव सभ्यता के इस विकास पर। हम पूछते हैं कि ऐसी नारी संगोष्ठियों से पुरुष को विषय सामग्री के रूप में बराबर रख कर क्या हासिल कर लेंगे? पहले तो हमें व्यक्ति या मानव बनना होगा। युग पुरुष ओशो को इस प्रकार के लिंग भेद पर बड़ी गहरी आपत्ति है। ओशो का चिंतन किसी पुरुष का चिंतन नहीं है। ओशो तो चेतना व बुद्धत्व के स्तर की विचाराभिव्यक्ति करते हैं।

ओशो के विचारानुसार नर और नारी तो धनात्मक तथा ऋणात्मक ध्रुवों के समान हैं। किसी एक का वजूद दूसरे के बिना नामुमकिन है। ओशो के मतानुसार हमें नारी चिंतन नहीं है, बल्कि नारी चेतना की

बात उसे एक मानव स्वरूप मान्यता देते हुए करनी होगी। एक ऐसे सामाजिक व मानसिक वातावरण की सृष्टि व दृष्टि का विकास करना होगा, जहां नर और नारी का भेद मिट जाए और हर व्यक्ति मानव और सिर्फ मानव बन कर रह जाए। चाहे, प्रकृति प्रदत्त थोड़ी सी शारीरिक व आंगिक भिन्नता के आधार पर ऐसा लगता हो कि हम अलग–अलग हैं, किन्तु है तो पूरकता निश्चय ही, मानसिक चेतना के आधार पर हमें एक जैसा ही बनाती है। अगर कहीं कभी यह नर और नारी चेतना में विभाजित हो जाती है तो उसके लिए पारिवारिक, सामाजिक और पारिवेशिक संस्कारबद्धता व रूढ़िवादिता सीधे तौर जिम्मेवार है। नारी कमजोर नहीं – ऐसा माना और समझा जाता है कि नारी अपेक्षाकृत कमजोर प्राणी है। वास्तव में नारी में रोग प्रतिरोधक क्षमता तुलनात्मक दृष्टि से अधिक होती है और उसकी जिन्दगी की औसत उम्र भी पुरूषों के मुकाबले ज्यादा होती है। ओशो के मुताबिक नारी, नर की अपेक्षा पांच वर्ष ज्यादा जिंदा रहती है। इसीलिए भारतीय संस्कृति में जगह–जगह विधवाश्रम बनाने पड़े थे। विधुर आश्रम तो कहीं दिखाई भी नहीं पड़ता। ओशो कहते हैं कि दुनिया भर के पागलखानों में नरों की संख्या नारियों की बजाए कहीं अधिक हैं। यह तथ्य भी इस कथन की पुष्टि करता है कि नारी अधिक मजबूत होती है, दिमागी धरातल पर भी। मनोवैज्ञानिक आधार पर देखा जाए तो पागलपन कुंठा और दमन का अंतिग प्रस्फुटन होता है। पुरुष तथाकथित सभ्य सामाजिक सांस्कृतिक व्यवस्था में रुदन भी नहीं कर सकता, जबकि नारी तो उसका विसर्जन अश्रुधारा में प्रवाहित कर देती है। इसलिए नारियों की बहुत कम संख्या पागलखानों की दीवारों के अंदर पहुंच जाती है।

प्रकृति ने नारी को प्रजनन क्षमता दे कर उसे अधिक धैर्यवान और सृष्टि की सृजक होने का विशेषाधिकार दिया है। नारी, नौं माह तक अपने गर्भ में भ्रूण को विकसित कर शिशु को जनम देती है। इस दौरान धैर्य, पीड़ा और सृजन की अनुभूति केवल उसी को होती है। पुरुष इस सब से अनभिज्ञ ही रहता है। ओशो के मतानुसार इस

कारण नारी को नर की ईर्ष्या का पात्र बनना पड़ता है। इस वजह से नर कमजोर भी पड़ जाता है। ओशो कहते हैं कि दुनियाभर में नारी की तुलना में नर की आत्महत्या की दर दुगनी है। इस तरह नारी आसानी से आत्महत्या भी नहीं करती और पागल भी नहीं होती। वह तो रो कर, चीख–चिल्ला कर और आत्महत्या की धमकियाँ देकर ही गुज़ारा कर लेती है।

विवाह की संस्था – ओशो के अनुसार विवाह की संस्था सड़ी गली है। जिस में एक नर और एक नारी जीवन भर के लिए एक दूसरे के कैदी बनकर रह जाते हैं और वे दोनों एक दूसरे पर पूर्णाधिकार चाहते हैं। भारतीय जीवन मूल्यों में दो अपरिचित व्यक्तियों को कुछ धार्मिक और सामाजिक पाखंड पूरे कर के विवाह की डोर में बांध दिया जाता है। खेद सहित कहना पड़ता है कि इस डोर को कानूनन मान्यता भी जाती है। बाद में जब चेतना युक्त जागरूक नारी को पति से प्रतिकूलता का आभास होता है, तो उसे अलग हो कर तलाक लेने की लम्बी और जटिल कानूनी प्रक्रिया में से गुजरना पड़ता है और सामाजिक व सांस्कृतिक मूल्यों के आधार पर तलाक को अच्छा नहीं समझा जाता और विवाह को जन्म जन्मांतर का फंदा मान लिया जाता है। ओशो के मुताबिक समाज और परिवार की यह बेवकूफाना उम्मीद है कि दो अनजाने विवाह के बाद एक दूसरे को प्रेम करने लगेंगे। ओशो ने कितना ठीक कहा है कि प्रेम से तो विवाह उत्पन्न हो सकता है, परंतु विवाह से प्रेम कतई नहीं। इस लिए ओशो विवाह की संस्था को नकारते है। ओशो विवाह को मुश्किल और तलाक को आसान बनाने का पुरजोर समर्थन करते है। उनके अनुसार प्रत्येक विपक्षलिंगी युगल को चाहिए कि वह विवाह का निर्णय लेने से पहले कम से कम दो साल सहजीवन में बिताएं। उसके बाद परस्पर प्रतिकूलता जाहिर होने पर सहज भाव से मित्रवत् अलग हो जाएं और फिर किसी नए साथी की तलाश सहजीवन के लिए कर लें। यह सिलसिला ताउम्र मृत्यु तक चलता रह सकता है। वैसे भी स्वभावतः मनुष्य संबंधों में विविधताप्रेमी होता है।

आजीवन एक ही व्यक्ति के साथ रहना बेहद उबाउ, बोझिल, नीरस तथा व्यवस्था द्वारा आरोपित होता है। ओशो बहुसंख्यक भारतीय समाज में प्रचलित कन्यादान की प्रथा को हेय करार देते है, जिस में नारी का दान दिया और लिया जाता है। यह दान की आवधारणा बहुसंख्यक भारतीय नारी के लिए अत्यन्त अपमान का विषय है। यह युवती के आत्मनिर्णयन के अधिकार पर गहरा कुठराघात है। यह विडंबना ही तो है कि निर्णयन व नियोजन क्षमता में संसाधित उच्चशिक्षित एम. बी. ए. पास युवती भी विवाह में भेड़, बकरी या यूँ कहिए कि एक टेलीविजन सैट की तरह दान हो जाती है।

ओशो तो परिवार की आवधारणा को तिलांजली देते है, और उस की जगह कम्यून में सामूहिक आवास का अनुमोदन करते है। कम्यून में पला बढ़ा व्यक्ति अधिक विकास तथा परिपक्व होता है। ओशो के मतानुसार बालक–बालिका को अपने नैसर्गिक अर्थात जीव–वैज्ञानिक माता पिता का तो पता ही नहीं होना चाहिए। उसे अपने सामाजिक माता पिता चुनने की खुली छूट होनी चाहिए। तभी एक बालिका एक युवती बनने पर समस्त प्रकार के वंशानुगत् मनोविज्ञानिक रोगों तथा पूर्वाग्रहों से मुक्त हो पाएगी।

नारियां ज्यादातर भावुक होती है, क्योंकि वे अपने दिमाग के दाहिने हिस्से का ज्यादा इस्तेमाल करती है। तर्क और विश्लेषण शक्ति से परिपूर्ण दिमाग का बायां हिस्सा ज्यादातर बेकार पड़ा रहता है। ओशो नारियों को सलाह देते है कि वे अपने दिमाग के इस बांए हिस्से का अधिक इस्तेमाल करना सीखें। तभी वे मानव या व्यक्ति के रूप में प्रतिष्ठित हो पाएगी। ओशो के अनुसार गर्भ निरोधकों का आविष्कार नारी स्वतंत्रता के लिए वरदान साबित हुआ है। अब दैहिक सुख हेतु उसे विवाह तक इन्तजार करने की उसे कोई जरूरत नहीं है। गर्भ धारण अब उसके वश में है। ऐसे में कौमार्य कोई सम्मान या प्रतिष्ठा का सूचक नहीं रह गया। गर्भ निरोधकों ने नारी सशक्तिकरण की दिशा में अभूतपूर्व योगदान दिया है।

सेक्स पर चर्चा करते हुए ओशो ने कहा है कि सेक्स तो दो विपक्षलिंगी व्यक्तियों का निजी मामला है और यह उन का जन्म सिद्ध अधिकार भी है। किसी भी तीसरे व्यक्ति या समाज को उनके नितांत निजी संबंध में दखलअंदाजी करने का कोई हक हासिल नहीं है। ओशो के अनुभवानुसार 99 फीसदी भारतीय नारियां संभोग में समाधि का आनन्द ही नहीं ले पाती वे नर की भोग्या मात्र ही बनी रहती है। वे सक्रिय प्रतिभागिता के अभाव में चरम दैहिक आनन्दानुभूति से वचिंत ही रह जाती है। वह उन्हें सक्रिय भोक्ता की भूमिका में आने की सलाह देते है।

ओशो नारी मुक्ति की बजाए नारी स्वतंत्रता तथा समानता के पक्षधर है। उनके मतानुसार नारी स्वतंत्रता प्रतिक्रियावादी नहीं होनी चाहिए, बल्कि यह तो समझ, प्रेम और ध्यान पर आधारित होनी चाहिए, जिस से नर नारी पूरक और सहयोगी बन कर बराबर स्तर के व्यक्ति के रूप में स्थापित हो सकें। नारी को मां, बहन, पत्नी, वेश्या आदि की सामाजिक व परिवारिक उपाधियों व विशेषणों से मुक्त हो कर व्यक्ति और एक व्यक्ति के रूप में मान्यता लेनी ही होगी। ओशो की दृष्टि में पिछले तीन हजार सालों में हुए पांच हजार युद्धों का कारण सत्ता है। अब दुनिया में शांति के वास्ते राजसत्ता का मौका नारियों को देना होगा। ओशो दुनिया की नारियों को एक जुट हो जाने की अपील करते है। इससे राष्ट्रीय सरहदों को तोड़ कर पूरी दुनिया की राजसत्ता नारियों के हाथों में होगी। तब शायद जिंदगी कहीं अधिक सुखमय और शांतिमय होगी।

दुनिया में बदलाव के मकसद से नारी सशक्तिकरण हेतु नारियों को शिक्षित–प्रशिक्षित करने पर बेहद जोर दिया जाता है। यह संगोष्ठी भी उसी दिशा में एक कदम है। यह आज की हकीकत है कि आज की युवती अपनी पड़दादी, पड़नानी से बहुत कुछ बदली बदली सी है, जब कि दूसरी ओर आधुनिक युवक का दृष्टिकोण अपने पड़दादा, पड़नाना के दृष्टिकोण से कोई ज्यादा अलग नहीं है। इस

लिए जरूरत तो है युवकों के युवतियों के प्रति एटीटयूड में चेंज लाने के लिए उन्हें शिक्षित प्रशिक्षित करने की। अतएव, अब हमें नर को दृष्टिकोण में बदलाव लाने हेतु ट्रनिंग देनी होगी। केवल नारियों को जानकारी और ट्रेनिंग देने से कुछ भी हासिल नहीं होने वाला।

नारियों पर केंद्रित इस संगोष्ठी में नर की चर्चा के बिना नारी स्वंतत्रता का तात्पर्य नर को प्रतिद्वंद्वी समझते हुए मुक्ति व स्वंतत्रता नहीं है। इस का सही मायना तो है प्राचीन सामाजिक सांस्कृतिक रूढ़ियों, परम्पराओं, संस्कारबद्धता और दृष्टिकोण व अभिवृति से मुक्ति, स्वतंत्रता या फिर युग पुरुष ओशो की शब्दावली में सन्यास। नारी की नारी की अवधारणा से मुक्ति व स्वतंत्रता, ताकि वह एक व्यक्ति के रूप में विकसित हो सके। तभी हो पाएगा सही अर्थों में नारी सशक्तिकरण।

स्त्रोत

1. संभोग से समाधि की ओर, भगवान श्री रजनीश, सं. स्वामी नरेन्द्र बोधिसत्व, रजनीश धाम, कोरे गांव, पार्क, पुणे (पुना), 1983.
2. ओशो गोबिन्द पत्रिका, अप्रैल–जून, 2002, ओशो गोबिन्द ध्यान केंद्र, न्यू शिव पुरी रोड़, लुधियाना।
3. ओशो वर्ल्ड, दिसम्बर 2006, ओशो वर्ल्ड फाउण्डेशन, सफदरजंग डेवलपमेंट एरिया, नई दिल्ली।
4. ओशो वर्ल्ड, मार्च 2006, उक्त।
5. Autobiography of a spritually Incorrect mystiqne.
6. The Book of Woman, Osho, Penguin Books, New Delhi, 2002.
7. Osho Times (Asian Edition), October 2001, Koegaaon Paaark, Pune.

25

SERIAL KILLINGS, GODS, AND...GODDESSES

Ramnik Aurora

In our country when a girl is born, often, they say that Lakshmi has been sent to that family where this girl is born. Among so many other gods and goddesses, Lakshmi has a special place in the household, where the wife and the mother are supposed to have a certain position. Goddesses like Saraswati, Durga, Lakshmi and Kali are worshipped as Maa Saraswati, Maa Durga, etc. Many Indian girls still have names of these very deities. And yet, the manner in which they are worshipped can well be imagined from the facts and figures we keep reading or hearing about and even see right under our noses.

Traditionally, woman has been put on the pedestal as the grahalakshmi or the 'deity' of the household. Just as the society was divided into varnas with specific tasks allocated to each one of them, the men were allocated the task of earning the bread and taking care of other activities outside the house, whereas the entire responsibility of domestic activities was upon the women and so much so that the men would hand over their entire earnings to them. According to Manu, a woman was to be satisfied in all respects and he added that where women are honoured, the gods are also pleased, but where they are not honoured, the sacred rites would yield no reward.[1]

The status of women in society has changed from time to time. On the one hand, she is considered little better than a slave or a beast of burden, condemned to drudgery,[2] and on the other, there are those matriarchal societies as in the South and North-Eastern states, who regard woman as the undisputed mistress of the family.

In ancient India, once a daughter was born, every care was taken to bring her up and educate her like a boy. The social evils which have crept into our society are of a much later origin. According to Lala Lajpat Rai, in the ancient period of Indian history, birth of a daughter was not welcomed, but it certainly did not frighten the parents...Girls in ruling families received administrative and military training and were entitled to the same education as the boys and no limitations were put on their ambitions in this direction. In the choice of his or her spouse, both enjoyed freedom and equal opportunities.[3]

There were many factors directly or indirectly responsible for the continuous deterioration of the status of women in medieval times. For example customs like that of early marriage came into existence so as to safeguard the honour and chastity of girls. Very few women in the 1850's received education, so much so that after 1857 there was hardly one woman in a hundred who could read and write.[4] The reasons for this low percentage were the evil socio-religious practices, customs, irrational religious rites and inhuman superstitions and ceremonies which were unknown in ancient times, such as early marriage, forced widowhood, sati, temple prostitution, purdah, dowry and female infanticide, etc. During this period the women were in a perpetual state of depression.[5]

Many Hindus in India killed their daughters immediately after birth. They preferred sons to daughters simply because only a son could perform the parents' last rites. It is interesting to note here the literal meaning of the word for son, i.e. putra which means one who delivers from hell. A French missionary, L'Abbé Dubois, who observed many practices during the 19th. century, has also written about them.[6] However, the practice of female infanticide was not a standard practice, but was more common among Rajputs and Jats, and particularly in Punjab, where the infant girl was put to death by adding some drug or poison to milk[7] or by applying some poisonous substance to her mother's breast. The British tried to end this practice through an Act in 1870[8] according to which the parents had to get the birth of both boys and girls registered.

The practice of child marriage continued for centuries and resulted in further degradation of the society. Several reformers like Raja Ram Mohan Roy, Ishwar Chandra Vidyasagar, Ramakrishna Paramhansa, Rabindranath Tagore, Mahatma Gandhi, Sarojini Naidu among many others, tried to remove this evil which had its roots in medieval times and which resulted in the deaths of many girls, and yet others becoming widows. In 1856, the Widow Remarriage Act came into existence, followed by the Child Marriage Restraint Act in 1929.

Another social evil was that of sati(literally, a virtuous wife). There are no examples of this practice in Vedic India, and it is believed to have been non-existent till 300 B.C.[4] It is noteworthy that in those times, a widow also had the choice of niyoga[4] or conceiving a child through a union with the deceased man's brother without marrying him, with the added condition that afterwards, she would never see that man again. The practice of sati was checked with the Governor-General of India, Lord Bentinck being persuaded by Ram Mohan Roy to outlaw it since the Vedas did not sanction it[5] and in 1829 was declared illegal and punishable by criminal courts.[9]

Today, women have come a long way indeed. What was once the domain of males is no longer so. As a result, they have entered fields where no woman had entered, and so, we have had a female Prime Minister in our own country, as well as a President in our eighbouring country. Then there are the women Governors, ministers, Chief Ministers, etc. and not to be forgotten , the first woman President of the U.N. General Assembly, Vijayalakshmi Pandit. Besides, we have had our first Indian woman astronaut, Kalpana Chawla. We have several laws meant to protect women and to ensure security or justice to them. The literacy rate went up from a mere 0.69 % in 1901 to 39.42 % in 1991. In a society dominated by men, where women were generally thought to be capable of doing well only in the fields like those of medicine and teaching, they are coming up in almost every field, even in the Armed Forces and the Police.

Does all this mean that there is no inequality or injustice? In other words, are we just enumerating the successful women? No. Far from it. This is certainly not the idea behind inviting all the participants of the seminar today. The purpose of having such a gathering of speakers itself means that there is something which needs to be discussed. What is that? Well, my being a woman is not the only reason that I am talking about women. The fact is , that despite all the statistics, facts and figures which present a shining rosy picture, and the economic, social and political changes notwithstanding, women are still far behind.

In terms of literacy, there are about 39 % of the females as compared to about 64% of the males (in 1991). A very small fraction of women hold executive positions or run businesses. Their proportion among voters is still lower. Separated or divorced women have practically no social position and are often unwelcome in their parents' home. Generally, girls are brought up with a certain conditioning, making them think that marriage is the ultimate goal and that they must accept whatever status they have. Despite the new laws against cruelty to women (e.g., section 498-A of the I.P.C.) many continue to be harassed for dowry and some to be burnt to death :[1] More and more girls are working and many married women are also working besides taking care of their families, but the society has still not adjusted to this new phenomenon. Everyday, we have news about unborn girls being killed and their remains buried in hospital compounds or even in waste bins, are discovered. There are other problems like trafficking of girls and even infants, forced labour and prostitution, and violence in various forms which may not be physical in nature and most of it goes unnoticed and unreported.

Now the question that may be asked is that why should one talk about inequality, injustice or women empowerment when in the first place, men and women are biologically different and as such not equal. It is known that females survive their male counterparts in general by a few more years and are believed to be stronger in that sense. Besides, many studies have shown that there are basic differences in the behaviour of males and females in various situations, depending on which part of the brain is being used (the left, which does the logical and scientific thinking, or the right part which is supposed to be for creative tasks). Going by this reasoning , one should think that women would be incapable of any work which involves logic and yet, we see women scientists, doctors, mathematicians, technicians, pilots, etc., though not in such large numbers as those of men.

Again, talking of equality or inequality of the sexes, is such a question worth reflecting upon? According to Mahatma Gandhi, " woman is the companion of man gifted with equal mental capacities...she has the same right of freedom and liberty as he..."[10] Today, we find that women have several provisions made for them in education, jobs and protection of their rights along with many plans put in place by the government and several schemes being run by N.G.O.'s . and yet, we talk of empowering them. Are they powerless? All the reforms, acts and laws that we might know are there, but so is the gap between them and the reality.

The sex ratio is more and more skewed especially in states where the custom of dowry has reached such extremes as to make the girl a commodity with a market value. Along with this is the price tag attached to a bridegroom who has qualifications like those of a doctor, engineer, etc., according to which the value of the groom has to be calculated and the price paid for it at the time of the marriage. Of course, that in itself is not a guarantee for the spouse and so, the other problems like more demands followed by harassment, bride-burning, suicides, violence and female fœticide remain.

To add to these problems we have those of the working girls and married women. With the growing consumerism and the need for free flow of money, more and more girls are working. The economic independence which it gives them is often overwhelmed by the problems they may face at their workplace. There might be jealousies among male and female colleagues; harassment by the former in the case of favours demanded not being granted by the females; fear of, or actual experience of violence in or outside the workplace, etc. In case a female occupies a higher post than those of her male colleagues, she has to face a situation where favouring a male colleague might provoke scandal, hereas not doing so would also invite criticism.[1]

The case of a married woman who is working also has its own peculiarities. In the traditional society, a woman's place was in the home. She was to take care of the house, be a good daughter, wife or mother. According to Manu, a woman must never be independent. As a child, she must be under the guidance and control of her father, in her youth, under her husband and in old age, under her son.[1] Now, a working wife and daughter-in-law is desirable, as she would add to the income of the husband or the family. But the conflict between social obligations that this working woman is expected to fulfill and the demands of her job forcing her to ignore in some sort her family members' claim to being treated in a certain way. As a result she is harassed in many ways, and yet, this harassment does not come into light as it is not even reported for reasons like the conditioning at an earlier stage of life or the stigma still attached to the separated or divorced woman once she decides to come out of this situation by seeking legal remedy.

However, we should also allow for the fact that with the existing situation and the laws, there would still be many women who would claim to be victims of various types of injustice when they are not; and on the other hand, we have to consider the rapid changes that are taking place in our society. For example, now it is easy to determine the sex of an unborn child and though the tests which help in this are now banned, they are still used under cover. Had it not been so, the balance between the male and female population would not have been upset, the term fœticide would not have come into existence, as the desire to have a male inheritor would not have driven people to become killers who do not even realize that they are killers and hence should be punished. So, we still have incense and flowers being offered to deities in temples by them (men as well as women). I wonder whether we could add another word to the rich vocabulary in which many words end with the suffix –cide , e.g., homicide, patricide, matricide, fratricide, etc...and that word could perhaps be : deicide.

REFERENCES

1. S.B. Verma, Status of Women in Modern India, Deep & Deep Publications Pvt. Ltd., New Delhi, 2005.

2. Y.S. Parmar, Polyandry in the Himalayas, Vikas Publishing House, New Delhi, 1973.
3. Lajpat Rai, Unhappy India, Bann Publishing Co., Calcutta, 1923.
4. A.S.Altekar, The Position of Woman in Hindu Civilization, Motidas Banarsidas Publishers, Banaras, 1956.
5. Kiran Devendra, Status and Position of Women in India with special reference to Women in Contemporary India, Vikas Publishing House, New Delhi, 1985.
6. Abbé, J.A.Dubois, Hindu Manners, Customs and Ceremonies, trans. Henry K. Beauchamp, Indian reprint, Mamta Publication, Delhi, 1973.
7. Manmohan Kaur, Role of Women in the Freedom Movement, 1857-1947, Sterling Publishers,Delhi, Pvt. Ltd, 1968.
8. H.H. Hyndman, The Awakening of Asia, London, np, 1919.
9. P.Thomas, Indian Women Through the Ages,ASIA, BOMBAY,1964.
10. Mahatma Gandhi, Young India, (26th. February, 1918).

26

THE ROLE OF AN EDUCATIONAL INSTITUTION IN RAISING WOMEN CONSCIOUSNESS

Jaya Indiresan

I find the great thing in this world is not so much where we are but in what direction we are moving - Goethe

Portrait of Women in Indian Context

The above statement succinctly paraphrases the theme of this seminar. What is important is not so much the current status of women but whether they are moving in the right direction towards greater gender equality. Women constitute nearly 49% of the population, but they are divided on the basis of caste, class, religion and region, reflecting the social setting of the country. All these factors which are highly interactive have a tremendous impact on the quality oflife of women. A woman belonging to the lower class, a lower caste and a rural area in one of the backward regions of the country is much too disadvantaged compared to one belonging to an upper caste and an economically well off family, residing in an urban area from a relatively advanced part of the country. Because of the highly complex and heterogeneous nature of the background of the women, their status, experiences and aspirations are highly varied. It would be very inappropriate to generalise for the entire population of women.

By and large, in this highly male dominated patriarchal society, women have been accorded an inferior social status. Coupled with retrograde social customs like sati, child marriage, dowry, social boycott of widows, etc., that are still prevalent in some parts of the country, women experience several accumulated disadvantages. They face not only gender discrimination but also suffer the most from sexual harassment, atrocities and crimes. Due to various personal, social, cultural and structural factors, women have not had the opportunity to blossom to their full potential.

At present, fortunately, there is an increasing awareness to change the status of women for a more equitable and gender just society. It is strongly believed that providing education to women who have been denied opportunities in this area hitherto would bring about the desired change. The National Policy of Education (1986) states :" Education will be used as an agent of basic change in the status of women, in order to neutralise the accumulated distortions of the past". Hence, educational institutions have an important role to play in bringing about this social transformation.

Women Consciousness

Discussing this concept of women consciousness presumes that this is at a low level. Hence, the challenge is how to raise women consciousness. There are several aspects. It should be pointed out here that the study ofthe author (Indiresan,2002) on the pace setting women's colleges in India has brought out the gender positive initiatives taken by these institutions to raise the consciousness of women on these challenges and how to cope with them. Some of the good practices of these institutions are worth being followed by other institutions. Women students coming from traditional and conservative families are handicapped duc to lack of support and awareness of even the opportunities available to them. The educational institutions can raise the awareness of students on various aspects affecting their lives. First of all, women's consciousness need.Parents and society play a crucial role in this aspect. From the childhood, the girls are socialised to believe and accept that they have a lower status than the men around them. Preference is for the boys and men in the household in all aspects of daily life, whether it is food, clothes, education, marriage, employment etc. Decisions are made for the women by the parents before marriage and after the marriage by the husband and his family. Women are socialised not to question or challenge the decisions made for them and accept it gracefully or forced to accept the decisions. Women are not expected or allowed to think for themselves.

However, the situation is changing rapidly. Women are getting empowered. They are questioning and challenging the age old practices. At times, this leads to conflicts and confrontations. Further, women themselves are not comfortable with the situation and there value clashes lead to guilt feelings.

The educational institutions can playa significant role in raising the consciousness of women in a very positive way. Discrimination, subordination, marginalisation, sexual harassment and stereotyping pervade in society where women are concerned both at home and in the work place. At times, women are not even aware that these things are happening to them. By organising and conducting sensitization programmes women student's consciousness on these undesirable aspects can be raised. It is not enough to raise the consciousness, but women students need to be helped and guided with positive strategies on how to handle and cope with these challenges.

Which have been underplayed so far, to enable them to gain self-confidence. Their consciousness about all their legitimate rights, including legal rights, political rights, economic rights, vocational choices available, equal opportunities need to be raised. These are only illustrative areas and the educational institutions need to explore the whole gamut of opportunities for the overall development of the women.

Raising Consciousness about Women

This is another important aspect that needs attention. Until the feminist movement gained momentum and some enlightened social reformers like Raja Ram Mohan Roy, Mahatma Gandhi and Maharishi Karve and others took the initiative to question the treatment meted out to women, there was no awareness or concern about the status of women. The study on the Status of Women initiated in 1974 as part of the UNESCO effort, actually triggered off the consciousness about women. Then followed the world summits on the status of women held in Nairobi and Beijing. Now, the world celebrates Women's Day on the 8th March every year with several activities. The UNDP brought out a special report in 1994, specifically devoted on gender issues. They came out with specific measures like Gender Development Index (GDI) and Gender Empowerment Measure (GEM). Now there is a lot of attention on gender budgeting and gender auditing. There are policy papers on initiatives for women's empowerment. There is an entire ministry devoted for women and child development. There are Women's Studies Centres established in Universities and Colleges to systematically study issues pertaining to women. Sexual Harassment Committees have been set up in educational institutions and all work places to protect the interests and welfare of women. National and State Commissions of Women have been set up with statutory powers to deal with the problems faced by women. Capacity Building Programmes specifically designed for Women at various sectors and levels have been mounted to harness the potential available among women.

These are all very positive steps that have been initiated as a result of the rise in consciousness about women. Yet, there are both women and men who are still gender blind. Discrimination, marginalisation, subordination, bias, stereotyping, harassment, violence and atrocities continue to be perpetuated on women. At times, these are due to insensitivity among men and women and these can be corrected with powerful gender sensitization programmes like media interventions, communication materials, street plays and so on. Where the oppression is intentional and due to vested interests, these need to be tackled with strong policy interventions and legal measures.

Who is Responsible for Raising Women Consciousness?

Everyone. Both men and women will have to work together for bringing out any sustainable social change. Parents need to be sensitised about their role in this effort. Educational institutions, including the policy makers who will provide the framework, administrators who will provide the support for implementation and teachers who will actually do the transactions, all have a major role to play. The community and the religious leaders are crucial for bringing out any major reform as they have a strong influence on the values and ethos of any society. Employers have to create a level playing field and an enabling environment for women to blossom in the so far highly male dominated work environment. Politicians have a role to play by creating space for women for full participation in the political processes in a democratic set up. Ultimately, self empowerment by women themselves will facilitate them to overcome the various barriers that they will have to confront.

REFERENCES

Jaya Indiresan. "Education for Women's Empowerment: Gender Positive Initiatives in Pace Setting Women's Colleges", Konark Publishers, New Delhi, 2002

National Policy of Education. Programme of Action, Ministry of Human Resources Development, Government ofIndia, New Delhi, 1986